读懂投资　先知未来

舵手证券图书
www.duoshou108.com

大咖智慧
THE GREAT WISDOM IN TRADING

成长陪跑
THE PERMANENT SUPPORTS FROM US

复合增长
COMPOUND GROWTH IN WEALTH

一站式视频学习训练平台

www.duoshou108.com

期货交易策略

(美)斯坦利·克罗 著　　陈瑞华 译

山西出版传媒集团
山西人民出版社

图书在版编目（CIP）数据

期货交易策略/(美)克罗著；陈瑞华译. -- 太原：山西人民出版社，2013.3 (2023.12 重印)
ISBN 978-7-203-08002-2

Ⅰ.①期… Ⅱ.①克… ②陈… Ⅲ.①期货交易
Ⅳ.① F830.9

中国版本图书馆 CIP 数据核字（2012）第 291948 号

Copyright © 1988 by Stanley Kroll. Chinese edition arrangement by W-A publishing.
All rights reserved.
版权归作者本人所有，中文版权利由 W-A Publishing 公司授予我社，盗版必究。
著作权合同登记号　图字：04-2012-024

期货交易策略

著　　者：(美)斯坦利·克罗
译　　者：陈瑞华
责任编辑：孙　琳

出 版 者：山西出版传媒集团·山西人民出版社
地　　址：太原市建设南路 21 号
邮　　编：030012
发行营销：0351-4922220　4955996　4956039
　　　　　0351-4922127　（传真）　4956038　（邮购）
E - m a i l：sxskcb@163.com　发行部
　　　　　　sxskcb@126.com　总编室
网　　址：www.sxskcb.com

经 销 者：山西出版传媒集团·山西人民出版社
承 印 厂：廊坊市祥丰印刷有限公司

开　　本：710mm×1000mm　1/16
印　　张：17.25
字　　数：170 千字
版　　次：2013 年 3 月第 1 版
印　　次：2023 年 12 月第 10 次印刷
书　　号：ISBN 978-7-203-08002-2
定　　价：78.00 元

如有印装质量问题请与本社联系调换

译者序

当今世界正在经历一场前所未有的调整和变革,但竞争和发展依然是其中的基本主题。经济全球化的深入发展,不仅会逐步成就一个全球统一市场,而且会最终促成世界多极化局面。作为一个崛起中的大国,中国是这一进程的重要参与者。"发展才是硬道理"。如何借鉴全球经济和市场文明的成果,稳步推进我国市场经济的深入发展,不断提升国家的经济实力,是我国当前乃至未来很长一段时间内面临的基本任务。

作为现代市场经济体系的重要组成部分,期货和金融衍生品市场对实体经济和国民经济的健康稳定发展意义非凡。面对全球经济调整和变革的持续深化、大宗商品和金融市场价格剧烈波动的市场环境,很多市场主体充分利用期货和金融衍生品工具,转变经济发展方式,提高经济运行质量,期货市场的价格发现和风险管理功能得以进一步发挥。

如何才能有效利用期货和金融衍生品工具?怎么才能成为市

场的赢家？这可能是很多市场参与者和观望者普遍存在的疑问。为了帮助大家认识期货市场，把握期货投资的风险和策略，应山西人民出版社之托，我特别选择并翻译斯坦利·克罗的《期货交易策略》和《期货投资专家》奉献给大家。

斯坦利·克罗是很多中国期货市场参与者熟悉的期货投资专家。他的传奇投资经历和经典投资策略在全球期货投资界广为流传，《期货交易策略》和《期货投资专家》既是他对自己投资经历的客观描述，也是对自己投资策略的精炼总结。这两本著作具有两个鲜明特点：其一，寓经验于经历。克罗并没有刻意去渲染自己的投资经验，而是以铺陈叙事的方式，向读者展示了期货交易所、期货公司、金融服务商、期货投资者的各种不同情境，呈现了期货市场的真实生态，并通过自己多年的交易经历描述，向读者揭示"市场永远是对的"这一真谛。其二，寓策略于常识。克罗巧妙地把人们的生活常识嫁接到他对期货交易的深刻理解。在他看来，成功投资者主要在于能够克服"情绪、感觉和主观"等人性的弱点，建立适合自己的交易哲学。通过对自己交易经历的真实再现和对成功交易大师的经验领悟，克罗成功地让读者接受自己关于"交易策略、资金管理策略、风险控制、简单交易"等一系列投资策略的认识和理解。因此，读者翻开这两本书，可能会有一种小时候一个人静静地看连环画的感觉。这也许就是克罗想要的。

要指出的是，克罗的时代毕竟已经过去，当今的期货和金融

| 译者序 |

衍生品市场不断深化，交易理论和交易技术都空前发展，克罗的交易策略和经历只能给我们提供一些最朴素的（当然也是最精华的）交易思想。但我相信，这些朴实的素材和思想可以激发大家对当今市场和交易发展的深刻思考。

作者的成就灼灼其华，对译者形成巨大的压力。翻译中的偏颇和错误在所难免，欢迎大家通过电子邮箱 (chenruihua@gmail.com) 批评指正。

陈瑞华

2012 年 10 月

于南开大学经济学院

致　谢

我要向以下这些人致以诚挚的谢意。

感谢商品研究局和出版人杰拉德·贝克，他们同意我转载已经出版的精美图表。感谢编辑希默·盖林，感谢高级行政助理旺达·哈迪，她为我准备了很多图表。

感谢MBH商品顾问公司的出版人杰克·伯恩斯坦，他同意我转载那些精美的季节性图表。

感谢《期货》杂志的主编达雷尔·乔布曼，他同意我转载杂志里面我撰写的一篇文章，用在本书第18章。

感谢交易者出版社的总裁爱德华·多普森，他同意我引用埃德温·勒菲弗尔的《股票交易者回忆录》里面的部分内容。

还要特别感谢我的编辑迪克·卢克，在成书的过程中，他从作品设计的角度为本书提供了一流的编辑流程。

本书很多内容来自我为《金融世界》杂志撰写的双周专栏，我差不多写了5年。非常感谢《金融世界》杂志的支持，让我可以在本书中使用这些内容。

推荐序

有人说，期货市场是地球上最具魅力的地方，他吸引了这个世界上最顶尖的金融机构、卓越企业和最睿智的个人投资者；他在今天全球经济体系中，占有异乎敏感的重要位置，他的影响力无处不在；他汇聚了全世界最天才的大脑，包括经济学家、金融家、数学家、企业家、投资家、电脑工程师，他能给予一个人的才智、奋斗以最大的回报，同时他也是最激烈的竞技场，在这里一个人的知识、阅历、技能、毅力和对生活的态度都将接受市场最严厉的考验。在这个市场中，如何生存并且持续盈利，是一个永远不会结束的课题。

斯坦利·克罗先生无疑是这个竞技场中最优秀的角斗士之一。克罗先生从1960年进入华尔街，33的时间一直从事商品期货交易，不但赢得了丰厚的回报也积累了丰富的经验，成为名扬四海的顶级期货投资专家。

在《职业期货交易者》中，克罗先生向我们展示了他在1971

年—1974年三年中激动人心的投资传奇，克罗先生从18000美元起步，盈利超过100万美元。通过本书，我们得以旁观克罗先生位于25大街的交易室，看看在这间2100平方英尺、铺着羊毛地毯、摆设胡桃木家具的玻璃墙办公室里，克罗先生如何交易，他每天在做什么。虽然当年的交易条件与今天大为不同，但是回顾克罗先生的记录和笔记，跌宕起伏的交易过程在今天读起来，仍然让人忍不住紧张激动，为克罗先生精深的投资理念和高超的投资技术所折服，对其执著钻研坚韧不拔的毅力更是倍感钦服，甚至我们能体会出他在三年投资大胜利中途的"头痛、心痛、胃痛、挫折、焦虑、不确定、狂喜、胜利和惨败"，如此真实的现场学习，相信对每一位期货投资者，都是难得的机会，阅读本书必将受益匪浅。

斯坦利·克罗先生是最早关注中国的华尔街投资大师，相比其他华尔街大师，克罗先生更熟悉亚洲的交易者，他在20世纪90年代就来到香港投资公司，1998年到北京担任投资顾问。他认为亚洲的交易者具有成功的潜质，很有进取心，充满勇气，可能是世界上最好的交易者。然而他认为亚洲的交易者也有需要克服的缺点。我相信，中国的期货交易者需要多倾听克罗先生的建议，不仅是交易者，期货行业从业人员、期货经纪人员也同样如此。

从1990年郑州商品交易所开业算起，我国期货业的发展已走过22个年头，我国期货经纪公司依据后发优势，在硬件水平方面发展迅速，早已达到或超过国际同行水平，但是在经济功能、服务水平、从业人员素质、行业渗透能力方面,相比欧美同行仍然有较大的差距。期货行业是一个特别强调专业化的行业。培养壮大一只具有专业化服务能力的经纪人团队,是当前国内各大期货经纪公司的一大工作方向。人才的培养,离不开科学专业的教材资料,我认为,克罗先生的《期货交易策略》正是一本优秀的经纪人教材,不要忘了,克罗先生也曾是一名非常成功的优秀期货经纪人。

在斯坦利·克罗眼中,期货市场就像非洲的原始森林,身在其中最重要的是求生存。他有一句名言:只有时刻惦记着损失,利润才可以照顾好他自己!克罗的这种理念在执行中主要依靠技术方法。他的座右铭就是:KISS(Keep It Simple,Stupid)——追求简洁,即坚持简单的交易方法。克罗对期货投资的成功经验首先强调的就是:判断趋势错误时就立即砍仓出场。风险控制和约束才是期货投资成功的关键。他认为每个人都应当有自己的市场哲学或者投资策略,都应该有控制风险的工具或者理念。

克罗先生的这些投资思想,体现出了重视风险控制、重视交易技术、重视科学制定交易计划、重视个性化投资策略等多方面的重要内容,这些内容是每一位期货经纪人出色服务投资者的必修课,对于期货从业人员提高专业化服务能力,能够起到非常好的提升作用。而且,克罗先生的这些理念都是以其本人真实的投资经历为基础阐述,包含感情且写作行云流水,读起来全无晦涩艰深的感觉。

因此，我诚挚地把斯坦利·克罗先生的这本著作推荐给我们的每一位期货从业人员、每一位期货经纪人，阅读这样一本生动的专业书籍，一定是开卷有益。

《期货日报》社社长

2012 年 11 月 8 号

| 推荐序 |

期待我国的期货交易大师

经过 20 年的发展，我国期货市场规模不断扩大，品种体系逐步健全，价格发现和风险管理的作用日趋深化，期货投资也日益受到社会各界的普遍关注。我国已经成为全球最大的商品期货市场，豆粕、白糖、天然橡胶、螺纹钢等品种的成交量在世界范围内都处于领先水平。沪深三百股指期货作为率先推出的金融期货品种，成交额已经占到了整个期货市场成交额的 40% 以上，大有后来居上的势头。继 2011 年推出三个新品种之后，2012 年又有白银、平板玻璃、菜籽、菜粕新品种上市交易，国债期货、原油期货、铁矿石期货等大品种也在紧锣密鼓的推进之中；投资咨询和资产管理业务的陆续开展，使得期货行业的金融服务能力得到初步的释放。这些事实充分说明，我国期货市场正在经历着从"量的扩张"到"质的提升"的转变。

伴随着期货市场一同成长的还有我们的投资者,在普通投资者数量上升的同时,机构投资者也被进一步引入期货市场,期货市场投资者结构日趋合理。截止到2011年底,全国期货公司代理客户量为164.36万户,其中自然人客户为159.93万户,占比为97.30%;法人客户为4.42万户,占比为2.70%。同时我们也注意到,从客户权益结构来看,100万以下客户数占比为89～98%,权益额占比仅为21.83%;1000万以上客户数仅占0.13%,但权益额占比却为48.9%,即近一半的权益比例,这说明我国期货市场仍然是一个中小投资者占据主导的市场。

不论投资者选择套利还是单边交易的方式参与期货市场。其最终目的都是希望通过承担一定的风险来获得可观的收益。而期货市场的竞争是残酷的,"明星多、寿星少","流星多、恒星少",绝大多数投资者最终可能都会遭受损失而不得不离开期货市场。作为期货交易者,必须在技术分析、实体经济基本面、交易技巧、交易心理等多个方面不断完善自己才能在期货市场中生存下来。期货市场是一个"高精尖专"性质的市场,对参与者的要求自然也是极高的。特别是在我国期货市场正在经历质变的今天,组合投资、套利交易、量化交易、程序化交易、高频交易交易等新的交易方式正在逐渐使市场的行为发生着悄悄的改变,交易者更需要迅速适应新的市场环境。

成功的期货交易者应该是具备多方面知识和能力的复合型人

才：既需要熟悉实体经济的运行规律，具体行业的市场格局，又需要熟悉技术分析指标的运用；既需要具备承受一定风险的良好心理素质，又需要严格控制风险的能力和技巧；既需要掌握传统的交易技巧，在程序化交易方兴未艾的今天又需要具备一定的交易编程技能。对绝大多数投资者来说，都还需要付出极大的努力来提升自己的交易水平。

迅速提升交易水平的一种方式就是与交易大师交流。但是受到实际条件的限制，一般交易者很难与这些大师级人物进行直接交流。因此，读关于交易大师的书籍，就成为广大交易者的现实选择。一般来说，关于交易大师的书籍大体上分为两种，一种是如《如何从商品交易中获利》等由交易大师撰写的书；另一种是如《股票作手回忆录》等由别人撰写的关于交易大师的书。毫无疑问，前一种更能贴近大师的思想，因此对交易者的帮助也会更多。

斯坦利·克罗作为传奇般的交易大师，在1970年曾创造了如火箭发射般的财富增值，他的交易技巧和交易哲学一直为期货市场所津津乐道。在他的两部著作《期货交易策略》和《职业期货交易者》中，斯坦利·克罗围绕成功进行期货交易所需要的纪律和客观方法进行了详尽的阐述，这些知识无疑是我国期货交易者所急需的。现在，这两本经典著作的中文版与我国的广大交易者见面了，相信这两本书将会对提高交易者的交易水平作出应有的贡献。同时我也坚信，伴随着我国期货市场的不断发展，必将涌现出越来越多的交易大师。"千里之行始于足下"，就从阅读克罗的著作开始交易大师的成长之路吧！

北京工商大学证券期货研究所所长

2012 年 12 月 25 日于北京

| 推荐序 |

君子忧道不忧贫

——读斯坦利克罗先生的书有感

斯坦利·克罗先生是20世纪七八十年代期货界的传奇人物，《期货交易策略》和《职业期货交易者》这两本书思想深邃，内涵丰富，对启迪投机者的智慧和实战交易都具有重大的指导意义。出版社朋友希望我写个序言，我何德何能，写序肯定不敢，只能结合自己的期货交易教训和经验，写一点粗浅的读书感悟和体会。

斯坦利·克罗先生是国内期货投资者的老朋友，早在1994年，中国经济出版社就翻译了他的《克罗谈投资策略》一书，记得中国期货市场的创始人田源博士曾经写过推荐序。在我的印象中，国内投资界系统、大量的引进国外的投资经典书籍，包括介绍杰西·利弗莫尔、索罗斯、巴菲特等的著作，是在1997到1998年东南亚金融危机以后。在此之前，市场上流行的主要是一些港台技术分析的书，给投资者介绍市场价格判断的方法、技巧、工具等内容。关于期货交易的思路、理念、策略，以及风险管理的重要性和投机者的心理、心态建设，只有两本书给我留下了深刻的印象，一本就是《克罗谈投资策略》，另一本是丁圣元先生翻译的《期货市场技术分析》。

应该说我和克罗先生是很有些缘分的，除了我们俩都是杰西·利弗莫尔的忠实粉丝，我还零零碎碎的知道他不少小事：他曾经被中国证监会期货部聘为顾问，1994年他就来过广州讲课，后来还在北京的一家公司做过投资顾问。前几天刚好碰到当年请他的那家公司的老总，多年以后谈到斯坦利·克罗先生，这位老总依然记忆犹新。说克罗先生非常敬业，每天早上总是第一个到公司，拿着分析翔实、逻辑完整的交易计划，西装革履的站立着等大家上班。看到这个带着投资大师光环的老头如此严谨的工作态度，大家内心都非常震撼！

我第一次买到克罗的书很偶然。1997年我到武汉看我师兄，闲来无事，就逛进了他家旁边一家非常僻静的书店，好像是在汉口万松园附近。我突然发现书架的角落里竟然堆着十多本薄薄的《克罗谈投资策略》，上面布满了灰尘，书很便宜，但明显没有多少人留意，克罗先生的书放在这里确实是明珠暗投了。不过，冥冥之中这样的偶遇，让我和克罗先生的不解之缘结的更深了。

遗憾的是，尽管克罗先生的书一直摆放在我书桌边，在1997年后的相当长时间，我也多次反复阅读过，但是，我似乎并没有读懂斯坦利·克罗到底在说什么，也没有理解这本书中蕴含的深邃的投机智慧。

"顺势而为"、"只有在市场出现强烈的趋势特性，或者你的分析显示市场正在酝酿形成趋势，才能进场"；

"顺势而为的仓位可以给你带来丰厚的利润，因此千万不要提前下车"、"保持仓位不动，直到你客观分析之后发现，趋势已经反转或者就要反转"；

"斩掉亏损"、"最早的亏损是最廉价的亏损"；

期货交易"暴利是目标"，不要去参与短线交易、挤油交易；

要有耐心和纪律等待大的交易机会，有勇气和胆量坚持自己的判断和仓位；

……

这些都是从斯坦利·克罗书中摘录的原话，克罗先生还用大量正反两方面的实战案例来说明遵循上述理论、策略对投机者的价值和意义，与之背道而驰对投机者带来的巨大灾难。

有人说，大道至简，克罗先生书中也提出，交易要保持简单。但不要忘了，中国还有一句古话，人间正道是沧桑。投机市场中简单是美，简单更是一种大智慧。然而，这种美和大智慧来自哪里？一定来自痛苦而复杂的期货交易经历给投机者带来的体验和感悟。有朋友开玩笑说，期货交易不暴过几次仓，没有大赢大输过，没有经历过几轮牛市熊市，怎么可能领悟期货投机的大道和真谛?

进入期货市场这么多年,我觉得自己在这个行业里更像是一个书生或者学者,而不太像是一个精明的商人。交易时间,我是参与市场的投机者,或者说赌徒;交易之外的时间,我和我的团队是期货投资之道的探索者、思考者和研究者。曾经相当长的时间,我一直沉迷于追求期货交易的完美、极致,试图打造出一个适应市场不同情况、能够全天候作战的交易体系。在那个阶段,克罗先生书中阐述的单纯而质朴的投机智慧,我非但不认同,反而觉得自己比他想得更系统、更深入、更高明,交易结果应该更好。你看,上面引述的克罗先生的每一个观点,我都觉得可以更好的变通和提升:

克罗先生说要"顺势而为",我却看到很多时候市场反趋势运动非常剧烈,运动幅度大、运动速度快,这样的快钱投机者为什么不去赚呢?几年前,我一度狂妄和自负到想去写一本《逆势交易的技巧》之类的书。无独有偶,有我这样想法的人在投机市场还真不少,前几年,华尔街还真有一哥们写了一本类似的书,而且还成了金融投机的畅销书。

克罗先生说,"只有在市场出现强烈的趋势特性,或者你的分析显示市场正在酝酿形成趋势,才能进场"。在我看来,交易为什么要这么刻板和保守呢?不管市场趋势如何,总有很多品种每天盘中波动很大,如果你反应灵敏、技巧娴熟,不是有更多的交易机会吗?

克罗先生说,"顺势而为的仓位可以给你带来丰厚的利润,因此千万不要提前下车"、"保持仓位不动,直到你客观分析之后发现,趋势已经反转或者就要反转"。大家知道,很少有市场趋势是直线运动,在波浪上升的趋势运动中,高抛低吸不是更有效率吗?为什么眼睁睁看着浮动利润缩水而呆若木鸡?

克罗先生说,期货交易"暴利是目标",不要去参与短线交易、挤油交易。长城是一块一块砖垒起来的,期货交易为什么一定要抓住大的机会一举获得暴利,而不能通过一笔笔短线交易利润积累而成功?

……

投机市场是一个迷宫。十多年前,我在期货交易中还是一个不知天高地厚的毛头小伙,浮躁的心理,无知的认识,急功近利的欲望,根本不可能让我意识到克罗先生这些思想中包含的深刻的市场观、聪明的投资策略和巨大的人性洞察力。还自作聪明地画蛇添足,希望完善、提升克罗先生的投资思想和策略,结果如何呢?我顺势做,逆势也做;长线做,短线也做;有信号做,没信号也做。逻辑混乱、自相矛盾,什么都想要,往往什么都要不到,越做越糊涂,最后迷失在市场交易的大海里。

"孔子登东山而小鲁,登泰山而小天下"。经过近20年的市场锤炼,在经历了无数次血雨腥风的战斗,交了很多次数目巨大的学费，在我成为一个职业投资人以后，再来阅读斯坦利·克罗先生的书，内心的感悟和触动，真是百感交集。

投机之道简单吗？简单！但这种简单的背后却包含着非常复杂的市场交易的道理以及投机者艰难的人生体验，我们必须知其然并且知其所以然，才能认同大道至简这个看起来非常单纯的智慧。

"无根浮盈空欢喜，未悟真经套中人"，这是浓汤野人在我上海公司开业典礼上谈到投机之道时引用的一句诗，我觉得非常深刻。在我眼里，克罗是一个名副其实、深谋远虑的智者，他的两本书，一定能够更好的帮助我们领悟期货交易的真经。

《十年一梦》作者　著名操盘手

2013年1月5日

| 推荐序 |

序

在约翰·崔恩的《财富大师》这部佳作中,作者描述了9位投资大师的生平事迹和投资经验。其中沃伦·巴菲特、本杰明·格雷厄姆、T·罗威·普莱斯、拉里·蒂施和约翰·邓普顿等人都是家喻户晓的明星大师。这些投资大师堪称"猎杀者纵队",斯坦利·克罗也位列其中。崔恩描述了斯坦利·克罗在"不可能赌场"中赚钱的期货交易经历。若真如此,克罗在赌桌上的确演出了几场好戏,这绝非意外或纯属运气。

20世纪70年代,斯坦利有过一场为时3年的演出,他将自己的1.8万美元增值到100万美元,并且为他的合伙人也赚到了同等可观的收益。斯坦利的其他精彩演出,读者可以从崔恩的著作中一窥究竟。我要指出的是,斯坦利的这些上佳表现足以证明他的胆识和智慧。

我并非"期货人",并努力坚守在自己比较熟悉的金融投资工具上,主要是股票和债券。对我而言,阅读《期货交易策略》也是一个学习的过程。令我印象最深刻的是,克罗的建议中最重要的原则几乎完全根植于对纪律和常识的执著关注。简而言之,他的建议道出了一切良好投资策略的基础——留心市场，深入研究，保持冷静。斯坦利指出，失败的投资者总是"根据情绪而非纪律，依据感觉而非逻辑，凭借主观而非客观"而交易。

斯坦利的交易哲学从一个核心思想引出了若干重要原则。这个核心思想几乎是所有投资行为的关键——辨别市场的重大持续趋势，顺势交易。大多数聪明的投资者都明白所有投资获利的关键与期货市场大同小异。斯坦利之所以成绩斐然且备受尊崇，原因之一就是他脚踏实地而非浮沙建塔。

正如我对他的印象，如果你见到斯坦利，就会对他的"期货交易无需了解太多"的观点铭刻在心。这也是大多数投资大师最突出的优点之一。他们不会过度自信或假装万事皆知。最好是不时地假设自己不知道，并且不断地调研自己想知道的假设和数字。因此，斯坦利有另一个重要原则——真实交易。正如他所言，"期货交易所需要的纪律和客观方法是本书一再重复的主题。"其实，这就是本书的主题。

阅读《期货交易策略》，将使所有投资者有所收获。虽然本书不会让你一夜之间成为鲜活的期货交易者，但提供了可靠的建议。对新手而言，书中用平铺直叙的文字告诉你市场是如何运作的，以及哪些投资"方法"有效。对成熟投资者而言，本书涵盖了很多锦上添花的真知灼见。对于普通投资者，斯坦利提供了投资成功的线索——不断努力研究，并且付诸行动，严格遵循顺势交易。

总之,每一位投资者都可以从斯坦利的合理建议中获益。

纽约《金融世界》杂志总裁兼发行人

道格拉斯·A·麦金太尔

1987年5月27日

前　言

　　一位来自西雅图的基金经理人，情绪明显不稳定，让我感到非常棘手。那是1985年11月中旬一个寒冷的下午，他来到华盛顿港，找我讨论他的期货交易。当时我们坐在既是住房又兼做办公室的游艇中，他痛苦地描述了过去一年在黄豆市场惨遭洗盘造成巨亏的悲惨经历——尽管这是一个相当合理的空头市场。他的问题在于，他让自己受到新闻、电视报道和小道消息的影响。虽然他偶尔也会抓对市场的下跌趋势，但始终饱受惊吓（他称之为"防守"），总是在之后的行情反弹时平仓。在此期间，他会莫名其妙地抱牢亏钱的仓位，使得原本欠佳的交易雪上加霜。他和我谈话时所表露的心态，与他糟糕的交易表现相差无异。

　　在大吐心中郁闷后，他不安地问道，"我的交易系统这段时间在黄豆市场的表现如何？"我回应，"从6月11日开始，你的交易系统就在亏损。""6月11日？亏损不会这么大呀？"他嘟囔着，心里盘算这仅仅才5个月的时间。我接着说，"1984年6月11日。"接着就是一段沉默。我们两人都明白，如果过去17个月持续做空大豆，每份合约的利润会超过 1 万美元。

遗憾的是，过去 30 年来，这类谈话就一直重复不断。我由此得出一个结论：任何一位交易者最大的敌人绝不是市场或其他参与者，而是他自己；由于受到妄想的鼓舞和恐惧的侵扰，缺乏"止损前提下让利润奔跑"的顺势交易的纪律，无聊和惰性，冲动交易，对自己(经常是正确的)分析和交易决策缺乏信心，失败在所难免。

有人曾说，如果想在期货交易上赚到一大笔财富，最确定的方法就是先拥有一大笔财富。不幸的是，这种愤世嫉俗式的逻辑却隐含着普遍的真理。在这个市场上，输家确实比赢家多得多。既然如此，为什么这个游戏仍然能吸引一批又一批投资者呢？根据我近 30 年来的经验，我发现，对投资者而言，期货市场显然就是一开始就有机会以一小笔赌本赢得巨大财富的捷径；对贸易商和金融机构而言，期货市场则提供了一种避免现实损失，对冲财务风险的方法，而且还能够在交易中获利。无数家族的财富以及国际商业巨头都是以精明且获利十足的期货交易起家的。

但是，交易者若要进入赢家行列，仅有欲望和一厢情愿的想法是绝对不行的。若要成功，投资者就必须实际且客观，务实且守纪律，更重要的是，要独立，并对自己独到的分析和市场策略充满信心。在无数次的交易中，始终指引我的一句名言是，"市场只有一个方向，不是多头，也不是空头，而是做对的方向。"这句名言来自杰西·利弗莫尔，他或许是 20 世纪前 50 年间最成功的独立交易者。

我一生以追求投机利润作为我的职业生涯。但我还是认定自己既是学生又是专业交易者，毕竟在现实里，你必须坚持研究市场、价格趋势和交易策略。这些年来，我一直关心从市场上获取利润——不，是获取暴利。巨大的财务风险、紧张、孤独、孤立、疑虑，甚至莫名的恐惧，当然这些几乎都是期货交易者的经常伴侣，考虑到这些因素，你不应仅仅满足于获取"利润"，暴利必须成为你的目标。

以上就是本书所要谈到的。本书内容涉及从市场赚取暴利的策略和战术。本书要谈的是如何在市场即将发动大行情之际登上车，并且尽可能地稳坐到行情结束。本书内容也包括教你如何在赚钱的交易中赚得更多，在亏钱的交易中亏得更少。本书也会告诉你在赚钱的仓位中以金字塔方式加仓以追求最大利润并控制好亏损。

我坚信，有效的资金管理策略和战术，与一流的交易系统或技术一样重要。这一点已经被许多交易者通过成千上万次的交易实战所验证。

此外，虽然我期望二者兼备，但我会将一流的策略和战术作为首选。如果运用一流的策略和战术，辅以普通的交易系统，会比运用一流的交易系统，辅以普通的策略和战术效果更好。我认为，一流的策略和战术是一切成功交易的关键。因此，本书大部分内容会详细说明这个观点。

在阅读本书之前，还要提醒一点。你们可以写信给我，请出版商转交，我愿意进一步和你们讨论书中的任何问题。我会尽己所能并抓紧时间回复。

斯坦利·克罗

目 录

第一部分　期货交易策略和战术……………………1

第1章　什么是交易策略？为什么交易策略很重要？………3

第2章　好的技术交易系统只是成功的一半……………10

第3章　务求简单……………………17

第4章　赢家和输家……………………25

第二部分　价格趋势分析和研判……………………33

第5章　交易工具……………………35

第6章　当基本面分析和技术分析出现矛盾时…………45

第7章　关注长期趋势……………………56

第8章　趋势是你的朋友……………………69

第9章　为什么投机者（几乎）总是做多？……………79

第三部分　交易时机 ·· 91

- 第 10 章　三个最重要的投机素质：纪律、纪律，
  还是纪律 ·· 93
- 第 11 章　市场趋势总是已经吸收消化了消息 ············· 106
- 第 12 章　每个人都有一套系统 ······························· 117
- 第 13 章　顺势／逆势——双重交易方法 ···················· 136
- 第 14 章　善用周而复始的季节性波动 ······················· 149
- 第 15 章　持有利润最多的仓位；平掉亏损最多的仓位 ········ 158

第四部分　交易实战 ·· 167

- 第 16 章　J·L·利弗莫尔这个人 ····························· 169
- 第 17 章　市场无好坏之分 ····································· 173
- 第 18 章　一定要控制风险，限制亏损 ······················· 179
- 第 19 章　抓住超级行情的激动 ······························· 193

附言　市场不坑人 ·· 209

附录　各种期货长期月线图 ······································· 217

第一部分

期货交易策略和战术

始终如一的有效策略虽然是交易成功的核心要素，但还必须具备3个素质：纪律、纪律，还是纪律。

第一部分
期货交易策略和战术

第1章
什么是交易策略?为什么交易策略很重要?

20世纪40年代,我还是小孩,每星期六最大的一件事,就是口袋里揣着75美分,带着弟弟去看电影。口袋里的钱,既要买票,又要买些零食。在那个单纯的幼年时代,星期六下午是那么有趣,生活绚烂多彩。每周我们总是重复做着同样的事情,乐此不疲。

40年转瞬即逝,星期六下午的电影已成尘封往事,但我每周还是有不同的乐趣,那就是不断上演的商品投机好戏。这是开启梦想和财富大门的钥匙。它永远有"续集",演员每晚都会松一口气,并且想想明天会有怎样的祸福降临到自己身上。在这永不谢幕的戏剧中,我们这些交易者就是演员。只要我们肯努力,立志在市场中赚大钱,我们在懵懂无知时失去的东西,总有一天会通过日积月累的经验找回来。我们努力奋斗,就是为了即使不能锦上添花,也能全身而退,在落日余晖中驾着快车,驶向古色古香的老屋或豪华游艇，同时还拥有一个彼此互相关怀的人际关系世界。

但要做到这一点，我们首先必须打败市场，难道不是吗？作为新人，我们必须充分意识到，我们是投机者，不是赌徒。我们潜心钻研每一种市场状况，不管是过去的价格趋势，还是眼前的价格动向；我们全神贯注于市场中的技术面或基本面，或者均衡二者。接着我们必须想出一套策略，兼顾赚钱和亏钱的仓位。所有这些事情都必须在进入市场之前就做好。此外，还有一点极为重要，我们不能为了冲动而交易，不能为了刺激而交易，不能为了弄些稀奇古怪的事取悦朋友而交易。我们之所以愿意冒那么高的风险，原因只有一个：赚大钱。

1967年，我接到一封信，摘录其中一段如下：

一位纽约的朋友寄给我10月17日你所写的《全球糖市快报》，我发现内容很有意思，结果也是赚钱的……这里引用杰西·利弗莫尔的话，让我想起刚去世不久的父亲。在我还是小孩的时候，有一次问父亲，"要怎样才能在期货市场上赚钱？"父亲的答案是："你必须放大胆子，而且必须做对才行。"我接着又问："要是胆大却做错了，会怎么样？"他说："当然你会随船沉下去。"

不幸的是，他真的随船沉下去了。

我一直利用电话、信件、面谈甚至国际电报的方式，乐此不

第一部分
期货交易策略和战术

疲地与投机者和套期保值者对话,这对我的职业生涯大有帮助,所以我一直用很认真的态度与他们沟通。回想这些无数次的沟通,总有一个相同的话题浮现心头。这个话题就是,即使最糟糕的交易者,偶尔也会碰到市场中非常丰厚的利润呈现在眼前,难以捉摸,也很难抓住,但就是在眼前摇晃。如果你能避开大洗盘的惊涛骇浪,就能把庞大的利润抱回家。但是你怎样才能避开大洗盘的浩劫呢?在商品交易的世界里,大洗盘是司空见惯的事情。或者借用上面那封信中所说的比较可怕的字眼,如何免于随船一起下沉呢?

自从人类在一起互相交换石板、长矛、短斧和食物以来,商品交易的游戏中就有赢家和输家之分。而且,虽然现代的商品交易有很明显的获利潜力,也有很高的杠杆作用(最低可以只用合约价值的6%甚至更少的资金建立仓位),大部分投机者,包括很多专业交易者最后都成了输家,而且不少人巨亏。

少数现场交易的专业交易者在交易大厅做短线,交易量很大,但所付手续费微不足道。除了这些人,能够持续不断赚大钱的交易者,是那些建立长期仓位的人。他们往往是顺势交易者。

在某些大仓位和利润丰厚的交易上,我很幸运地站在了正确的一边;我对有些仓位持有的时间长达8个月或10个月。为了免遭大洗盘而离场并骄傲地站在赢家的行列,我总结了以下一些必备的战术,这些战术构成基本策略的本质:

1. 只有在市场出现强烈的趋势特性,或者你的分析显示市场正在酝酿形成趋势，才能进场。一定要找出每个市场中持续进行的主趋势，而且顺着这个主控全局的趋势交易，否则就不要进场（见图1-1）。

图1-1 1986年12月玉米走势：非常明显的空头趋势

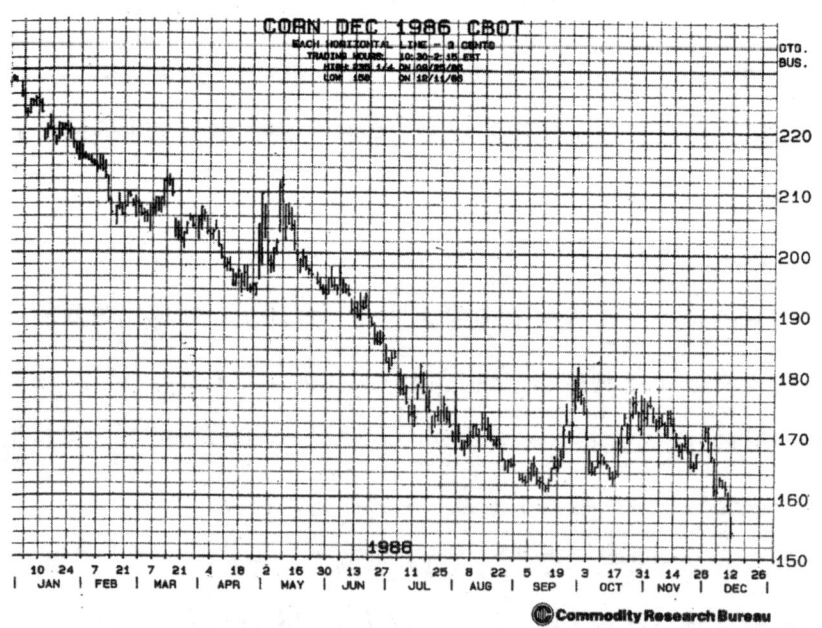

交易策略的首要因素就是找出每个市场的主要趋势，顺势交易。顺势而为的仓位会给你带来可观的利润，所以千万不要提前下车。在整个趋势形成过程中，会有很多反复，如果你能在行情反向时控制好损失，并坚持下去，一年下来你的利润将会非常可观。

2. 如果你正要顺势交易，有如下几个建仓点：一是趋势的新突破点；二是横盘整理显著趋向某个方向的突破点；三是上涨主趋势的回调点或下跌主趋势的反弹点。也就是说，在下跌主趋势中，反弹遇到压力时卖出，或者反弹到距离最近低点的 45%～55%（或者开始反弹的第 3～5 天）卖出。在上涨主趋势中，回调遇到支撑时买入，或者回调到距离最近高点 45%～55%（或者开始回调的第 3～5 天时）买入。在这方面值得强调的是，如果你判断趋势错误，或者决定置眼前的趋势于不顾，稍后在下跌主趋势中买入，或在上涨主趋势中卖出，你很可能会产生巨大的亏损。

3. 顺势而为的仓位可以给你带来丰厚的利润，因此千万不要提前下车。在这个过程中，你要拒绝很多诱惑，不要一见到小波动，就急于做短线，也不要逆势交易。除非你很会做短线，而且设置了止损点，否则千万不要轻易做短线。

4. 只要所建仓位符合大势，而且市场已经证明你是顺势交易，你可以在第 2 点所讲的技术性反转处做金字塔式的加仓。

5. 保持仓位不动，直到你客观分析之后发现，趋势已经反转或者就要反转。这时就要平仓，而且行动要快！下面几章将会详细探讨一些特定的平仓战术，这里我只简单地提一下。你可以根据计算机趋势跟踪系统所发出的趋势反转信号，一路设置止损点；或者依据回调（反弹）45%～55% 进场时发现苗头不对时，赶紧平仓。如果随后的市场走势告诉你，行进中的主趋势依然不变，平仓行动过早，你要再次上车，但必须在认真和客观的前提下，当短期趋势出现技术性反转时，才再次建立顺势而为的仓位。

6. 如果市场趋势很不利，没有与你站在同一边（不是原先所想象的那样），该怎么办？首先，你怎么知道你的仓位不对？期货经纪公司催缴保证金的职员，或者你自己每天所做的交易记录，会很明确地告诉你不对，即使你不承认都不行。20世纪初，赫赫有名的棉花投机者迪克森·华茨曾经说过，在这种情况下，"要快跑，否则就挺住"。这句忠告中的"挺住"，说明他要么有足够的资金坚守下去，要么就是一个受虐狂。我的建议是不妨听听他的忠告，但去掉后面那半句。

很显然，一流的有效策略非常必要。商品交易与象棋比赛、网球赛、马拉松赛或公司收购一样，其共同点在于，若要获得成功或胜利，既要有技术，也要讲究策略。就技术层面而言，交易者或参赛者的资格往往十分接近，经验也不相上下，唯一能够区别赢家和输家的地方在于，他们是否能够持之以恒地严格遵循一流的策略和有效的战术。

在商品期货的交易中，正确运用好的策略特别重要。我们都知道基本规则是吧？有些交易者，无论进入这个市场多久，都从未在整个年度赚过钱（很遗憾，我说的是绝大多数投机者）。他们也当然听过，甚至能够一字不漏地背诵一些广为人知的至理名言，诸如"趋势是你的朋友"，"斩掉亏损，让利润奔跑"，"最早的亏损是最廉价的亏损"，等等。这些就是赚钱策略最基本的表达形式。赚钱赚个不停的赢家总是心无旁骛地坚守这些基本策略，而

第一部分
期货交易策略和战术

赔钱赔个不停的输家总是一再回避和违背这些基本策略。

最后,始终如一的有效策略虽然是交易成功的核心要素,但还必须具备3个素质:纪律、纪律、还是纪律。本书其余部分会说明这些道理,也会举例证明这些道理。我会拿自己(痛苦)的经历证明,每当我漫不经心或蠢到竟然偏离这些原则时,我一定亏钱——有时亏得很惨。而当我根据前面所说的策略和战术交易时,通常不出意料地都会赚钱。这种经历人皆有之。

第 2 章
好的技术交易系统只是成功的一半

几年前,在新奥尔良的一次技术交易研讨会上,我对 600 位左右的投资者演讲。这次会议由技术分析集团主办,为期 3 天。这家公司非常优秀,以"Compu-Trac"技术交易软件而闻名,每年都举办研讨会,帮助投资者更好地理解技术交易工具,同时探讨关于市场行为的最新研究动向。我演讲的内容是:当你开发出或得到良好的技术交易系统之后,需要关注什么?我的观点是:有效的市场交易策略和战术,再加上正确的资金管理。

同时拥有二者,也就是既有技术交易系统,又有正确的交易策略和战术,你就可以进入赢家的行列。拥有二者将使你长期赚钱。

很多交易者都觉得,只要有良好的技术交易系统,或良好的图示方法,就能打败市场。事实上,良好的技术交易系统,甚至

| 第一部分 |
期货交易策略和战术

精确的趋势预测,只是成功所需条件的一半而已。仅仅准确地识别市场的趋势或某一走势的价格目标,还是不够的,更何况要做到这一点已属不易。为了让赚钱的仓位赚到最多,亏钱的仓位亏得最少,你必须采用一套有效的策略。

这让我想起了多年前在曼哈顿南区 25 号大街经营自己的清算公司的往事。当时我碰到几个客户,他们都是专业交易者,一直在想办法拟定策略,希望在未来几个月里大赚一笔。他们的运作情形就像是一个小型的交易团队。此前,由于专注于短线,交易缺乏纪律,完全漠视前后一致或有效的策略,所以总是亏钱。在分析很多市场而且预测它们可能的趋势和价格目标之后,我建议他们未来几个月交易可可豆。那时可可豆的价位在 12.00 左右,我预测会涨到 20.00 出头。大家都认同这个分析(如果当时我知道现在所知道的,自己一定会捏一把冷汗)。那天下午我们就开始做多,每个人都在 12.00 附近建立了一个初步的多头仓。

我们分析对了。几个月后,可可豆果真涨到了 22.00!这次交易,我赚了一些钱,但并没有赚到我分析的那么多。至于那些老兄呢?哎,6 个月内他们竟然亏了约 20 万美元。为什么会这样?他们在 12.00 开始买入,而且价格果如所料地涨到 20.00 出头,他们都在这个价位平掉最后一份合约,究竟什么地方出了问题?

原来他们一开始很谨慎(我想不通,其他亏钱的交易中,他们都是一头栽进去的),价格从 12.00 涨到 15.00 的过程中,他们才慢慢地提高加仓的数量。不幸的是,他们的仓位像个倒金字塔,遇到第一次回调，他们的账户就出现很大的亏损。当期货经纪公司职员寄来那份熟悉的催缴保证金通知书时，他们大为恐慌，赶紧把整个仓位平掉。如果这还不算糊涂的话，接下来他们就犯了典型的错误。多头仓位平掉之后，他们推断，可以利用眼前的一波下跌趋势，把刚发生的巨大亏损挽回一些，于是做空。在大多头市场的技术性回调处做空！一点也不奇怪，当市场不可避免地恢复上涨时，他们没办法迅速转成做多。空头仓位也一样亏损。接下来几个月，他们的交易情况一直就是这样。等到尘埃落定，我们全都在22.00平掉最后的多头合约时，他们发生了约20万美元的交易损失，这笔钱拱手让给了不见得比他们聪明，但更能严守纪律，策略上也更胜一筹的其他玩家。

很显然，他们的策略和战术是绝佳的反面教材。他们在应该买入的时候卖出了；本应该静观其变，计算利润的时候，他们却买错了。只要按照这些不幸的专业交易者交易的行为反着做，几乎就可以说明什么叫做良好的市场策略。

这件小小的可可豆不幸事件，只是很多鲜活例子中的一个。我们可以找到不少例子，说明期货交易者是如何一再忽视优秀市场策略和资金管理的最基本原则，最终成为大输家的。大部分投机者都是无意中制造了这些灾难，结果都一样：大亏。

前段时间，有位先生打来电话，抱怨我推荐的交易系统一点都不管用。他刚刚在市场上栽了个大跟头，本金亏损约65%。从表面上判断，这套技术交易系统好像很差。但他这么说，让我觉得很奇怪，因为我也一直用这套系统，结果却相当令人满意。我进一步问他："你一开始投入了多少资金？开始使用这套系统后，你最大的仓位是什么？"他的回答令人震惊。他一开始投入 2.5 万美元，任何时候仓位都有 15 份玉米、10 份小麦、1 份糖、1 份可可豆、2 份木材、2 份活猪和 1 份瑞士法郎，总共是 32 份。我问他，是否看过和确实了解这套系统所附的手册？他说是。那么，为什么手册里明明写着 2.5 万美元的投资组合，最多只能持有 6 份合约，你却持有 32 份？我又问他，为什么手册里建议可可豆最低投资金额是 5 万美元，还要买可可豆？最令人震惊的还是他的木材仓位，木材仓位是他的投资组合中亏钱最多的。我们的系统中根本就没有木材。

他为什么要做这种自我毁灭的事情？为什么他花了约 3000 美元买了套那么好的长期计算机交易系统，却又完全忽视交易信号和策略？他跟大多数投机者一样，坏的交易习惯很难克服。坏的交易习惯？这位不幸的先生显然是根据自己的情绪而不是纪律去交易；冲动交易，没有逻辑性思考；主观交易，没有客观分析。他让输的恐惧战胜赢的希望。交易系统指示的方向与他希望建立的仓位相同时，他当然会去建立仓位，但当交易系统与他想建立的仓位不同时，他会根据自己的想法建仓。简而言之，他是在用自己的系统，而不是用计算机中经过测试证明有效的系统。他自己的系统背叛了他，让他持有亏钱的仓位，如果赚了钱，哪怕只有几百美元，也要快速平仓。他显然是想证明他的交易决定比计算机交易系统所做的决定更好。最终结果证明他错了。那么，他至少从中吸取了教训吧？没有！他把自己的损失和表现不如交易系统，归咎于运气不佳。你能想象这样的事吗？

如果你认为这只是个别情况，那我再举个例子。此后不久，有位先生来找我。他购买了同样的计算机交易系统，却犯了一个错误，把这个系统交给一个专业经纪人去交易。他的下场比上面所说的那个人还惨，原始投资1万美元，亏了9成左右。我开门见山地问他同样的问题。他回答，1万美元资金交易的是玉米、活猪、瑞士法郎、糖和银；大多是同时持有几份合约。粗看他的交易纪录，果然证明我的怀疑没错，以他的资金来说，不但刚开始建立的仓位太大，而且交易频繁。当着他的面，我根据系统所发的信号，检查了他账户的进出情况。他一直认为自己完全根据系统所提示的信号行事，其实不然。我一一剖析，让他口服心服。我说，如果他完全根据系统所提示的信号和策略去交易，他只会亏20%。这么一来，他会留下足够的资金去翻本，甚至还有赚。如果这样，与他眼前的悲惨境况相比可谓完全不同。

这里有个很深刻的教训：在这两个例子中，系统都没有伤害交易者，是交易者伤害了系统也伤害到了自己。

世界上没有任何系统或技术交易方法能永保胜利，将来也不会有。但是，我们可以找到很多不错的系统。如果使用得当，再加上优秀的交易策略和资金管理（当然包括不要建立过大的仓位，也不要频繁交易），可以让交易者有能力做到长期赚钱。它们可以让交易者在赚钱的仓位上赚到更多,亏钱的仓位上亏得更少,这正是我们一直在寻求的优势。

另外还有一个重要的策略成分,就是在建立仓位时究竟选择哪个市场。最近我碰到一个很有意思的两难问题,在这里提出来,跟读者分享我的解决之道。我替旧金山一位投资者开了新账户,并评估哪个市场适合他进入。就外汇而言,根据我的系统,我6个月来一直做多日元,赚了不少钱,最近做空瑞士法郎,赚的钱少一点。我希望能建立外汇仓位,但是要选择做哪一种货币呢?我决定做空瑞士法郎,因为这个仓位是前不久根据信号建立的,而且反转止损点只比现价高35点,如此算来每份合约最多亏475美元,而日元仓位的止损点距离太远,风险比较大。我的策略很现实,其中一点就是不让(或者说尽量不让)丰厚的利润变成亏损。什么才是丰厚的利润?我指的是100%的利润或者是比投入的保证金还多的利润。

继续谈新账户的建仓问题,我的计算机交易系统指示做空3种谷物——大豆、玉米和小麦。我只选择其中一种建仓。由于谷物市场跌幅相当大,卖超严重,即使是温和的反弹,幅度也可能相当大。我希望能够限制做空谷物的风险。那么该选哪个呢?我可以选趋势最弱的一种商品,或者是选反转止损点离现价最近的商品来做。玉米的止损点是16美分,相对于变化缓慢的市场来说,风险实在很大。大豆的止损点更高,达到44美分。空头信号在14个月前就已经发出,获利盘很大。但是,44美分相当于2200美元的风险，对于一个新仓来说，未免太高了些。小麦的买入止损点只比现价高9美分，相当于每份合约含手续费在内约500美元的风险。因此我的决定似乎十分明显：做空小麦。3种谷物中，做空小麦的风险最小，如果市场像主趋势显示的那样继续下跌，那么反转止损点就会不断跟着市场走低，直到绝不会发生亏损的地步，不久后便会锁定利润，包赚不亏。这就是在每天例行工作中进行有效市场管理策略的明显例子。

| 第一部分 |
期货交易策略和战术

第3章
务求简单

我认识一个名叫乔的人,他的座右铭是KISS。这并非表示他生性多情。KISS其实是"keep it simple,stupid"的缩写,也就是务求简单,简单到不必用大脑的意思。乔交易期货之所以如此成功,靠的就是这一点。

1985年10月初,乔做多糖,做空大豆,赚了很多。那时候,大部分市场早就有了既定的趋势。投机做多的经纪商太多了,他们在市价之下有大量的止损卖单。在这种情况下,乔觉得市场很容易受专业的空头交易者袭击。他觉得那是多头气势较弱的市场,因此没有参与。他要找的是没有那么多人挤在里面的新战场,他慢慢地将注意力放到咖啡豆上面。乔从来不交易咖啡豆,事实上,他根本不喝咖啡!从生产国强有力的交易商和专业的场内交易者的实际做法来看,乔觉得其他咖啡豆投机者都是挤在一起玩。

然而，不断变化的市场形势让乔重新观察这个波动剧烈的市场。最近的价格显示主要趋势是横盘整理，回调到134.00（即期12月）有强大支撑，反弹到140.00～141.00间有压力。从7月中旬以来，市场就一直呈现这么宽的横盘整理区间。乔做了几次逆势交易，在价格跌到区间下档时买入，涨到区间上档时卖出。近几个月，乔赚了一些小钱，也觉得很有意思。乔对咖啡豆市场的技术面研究得越多，越觉得这个市场迟早要突破134.00～141.00的交易区间（见图3-1）。

图3-1　1985年12月咖啡豆

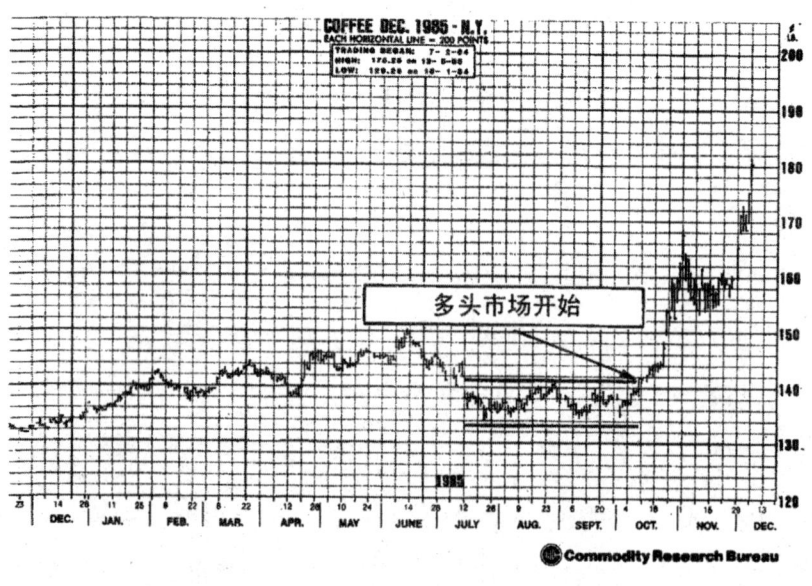

1985年7月—10月间，期货锁定在134.00～141.00间。精明的技术交易者看出，不管是往哪个方向突破（收盘价），都会为

第一部分
期货交易策略和战术

下一步的大行情奠定基础。他们是对的。10月10日，12月期货以141.65收盘——多头市场开始了！价格走完多头行情前（即期），最后涨到270.00。

但它会往哪个方向突破呢？乔不知道。不过有一点他有把握，那就是一旦收盘价落在区间之外，可能会有很大的行情，而他希望这种事情发生的时候，他正好建完仓。

10月7日那一周，市场非常平静，就像暴风雨前的那种宁静，这预示有大事要发生。乔向他的经纪人下了开放式交易委托单，买入一定数量的12月期货，进场点设在141.60，同时卖出同样数量的12月期货，进场点则设在133.40。如果某张委托单成交，就取消另一张单子。这表示，如果市场还是在原来的区间内上下起伏，那么他会待在场外；当市场往任何方向突破，他就会马上进场。

乔并没有等太久。10月10日上午，12月咖啡豆期货以138.80开盘，全天在300基点内上下波动，最后以141.65收盘，比前一天收盘价涨了229基点。这就是乔一直在等待的机会，他在141.60~141.80间为客户和自己大量买入。

乔对自己的仓位相当放心，因为市场已经突破宽广的横盘整理区间，看起来会涨得更高。下一个阻力位在1984年160.00附近的高价（即期每周收盘价）。在160.00以上他还会买入更多。但是他的大部分客户都对所建的仓位感到紧张，接下来几天，都把自己的不安告诉了乔。他们有这种情绪，是因为华尔街几乎所有的市场报告和咨询机构都一致看空，其中包括一些很有名并且据说关系网很大的基本面评论报告。但是乔却坚定做多。

向他询问的客户从非常好奇到比较恐慌的人都有，但他总是一成不变地回答："那是个多头市场。"11月中旬，他的一位大客户读了一篇建议做空的报道，打电话要求乔解释突然做多咖啡豆的理由。乔知道，简单的技术分析，有些人就是听不进去，打电话来的人一定想要听到某些他能理解而且合乎逻辑的解释。乔在通话时正好面对窗外，看到的是阴冷的天空，预示一股寒流就要来临。突然间，他灵机一动，找到了合乎逻辑的解释！乔装模作样地对客户说，寒冬已近，第一波严重的霜冻会伤害植物，减少农作物收成。乔之所以做多，是因为霜冻会促使价格上涨。这番解释合情合理，客户似乎很满意，因此乔决定用同样的回答来应对任何一位打电话向他询问的人。

市场确如乔所料，呈现多头行情而且涨幅扩大，脱离了宽广的横向整理交易区间。接下来的那个周末，乔闲着无事，突然想到巴西其实是在赤道以南，而12月的巴西应该正是盛夏。严冬……霜冻……作物受灾……全是一派胡言！

乔已经在141.60～141.80间开始建仓12月期货合约，而且在上涨途中两次呈金字式加仓。看着价格涨到180.00以上，乔当然喜不自禁。合约在12月到期时，每份合约有1.4万美元以上的利润。而且价格还在涨，最近月份期货涨到270.00才开始下跌。乔那"简单的"故事终于结束了。

但我的故事还没讲完。我们上了生动的一课：我们是在复杂多变、以小搏大的环境中打拼的交易者，只有那些严守纪律、务实和客观的人才能成功。就像乔一样，我宁可因为错误的理由而做对，也不愿因为正确的理由而做错。

对交易者来说，把事情简单化尤其重要，因为你在市场中看到或听到的每一件事情都非常复杂。商品交易者现在碰到的反对意见、矛盾观点和不同意见，比我记忆中的任何时候都更加混淆视听，让人眼花缭乱、无所适从。那么交易者该怎么办？

1985年12月，就在我们相信通货膨胀日渐消逝的时候，一份著名的商业日报却告诉我们，全球的通货膨胀实际上已经加剧，而不是缓解。接着，就在著名的商品趋势图服务商卖给我们的图表显示各类商品价格即将全盘缓慢上涨之际，我们看到了《纽约日报》有这么一段话(1985年12月4日)：

联合国一份报告指出，供给过剩越来越严重，可能会抑制商品市场，直到1989年才结束……虽然价格有可能反弹，但主要工业国的需求还是很疲软，这种局面至少会拖到明年。

"至少会拖到明年"，那么同一段中提到"直到1989年结束"又是怎么一回事？交易者该怎么办？

每当黄豆强劲上涨的时候，我们就会听到巴西的干旱日益恶化，对黄豆收成造成了数量不明的伤害。可以想象，每当黄豆价格下跌的时候，我们就会听到巴西或美国中西部喜获甘霖或气候对作物生长有利。咖啡豆的情况也一样，大多头和大空头市场迅速交叉出现，走势超越任何人的最乐观预测，连身手敏捷的交易者也为之震颤不已。糖是另一个大起大落的市场。评论家告诉我们：糖上涨的原因是需求增加和收成可能减少；糖下跌的原因是需求减少和收成可能增加。交易者该怎么办？

我可以告诉你，在这种公说公有理，婆说婆有理的情况下，交易者究竟该怎么做。碰到这种情况时，交易者应该回到桌面，这里我指的是去看商品走势图。除了研究日线级别的趋势，还要研究长期历史性和季节性的价格倾向，同时要分析可靠的克罗—威尔德长期计算机交易系统。这些技术工具是经过约30年实战经验积累出来的心血和结晶，结合起来使用可以给人很大的信心，相信严谨和客观的趋势跟踪分析，加上信奉和遵守经过分析所得到的预测，显然是进出市场的最好方式。这套策略极其客观，可以使你赚钱的仓位赚得更多，亏钱的仓位亏得更少。实事求是地分析和对市场趋势的预测，加上有效的策略绝对必要。杰西·利弗莫尔讲得十分明白："市场只有一个方向，不是多头，也不是空头，而是做对的方向。"

说到"做对的方向"，我最近去了一趟洛杉矶，在一个周末研讨会上演讲，讨论如何融合期货交易策略和长期交易系统。我的演讲分两部分：第一部分讲长期交易系统，它的目标是在可接

| 第一部分 |
期货交易策略和战术

受的风险和止损下,如何实现资本增值;第二部分讲到,交易策略只有配合交易系统,才能达成前面所说的目标。

如果说参加研讨会的20多位投资者都很聪明,而且有充分的准备,这还不够。在这两天的研讨课程中,我全力以赴。这些非专业投机者全神投入并考虑周全,给我留下了很深的印象。大体来说,他们懂计算机,对开户和管理账户也都了如指掌。他们愿意并渴望学习交易系统及其相应的策略。

向他们传授了如何融合交易系统和交易策略的计算机技术之后,我讲到另一半——成功交易的策略。在这里,我强调遵守简单和基本的卓越资金管理原则十分重要。成功投机者最重要的素质是严守纪律、依赖自己、实事求是。但是这些美德是最难传授的。而且,即使学会了,在实际应用上也非常难。

投机要成功,同时要求交易者无论是在建立仓位的大小上,还是交易的频率上,都要比一般水准低。过度交易会增加手续费和发生亏损。更糟糕的是,这么做,会使交易者所处的精神和情绪状况完全与应该有的情况背道而驰。正确的做法是碰到趋势对自己有利时,交易者应该保持从容的态度,稳坐赚钱的仓位,不要轻易去动它。我确信单以时间的长短来决定要持有多久是不对的。经常有人问我:"长期仓位要持有2个月、3个月还是4个月?"我通常回答说:"没人这么问的。"只要市场对你有利,不管多久,仓位都要继续持有。你什么事情都不要管,让期货公司员工和你所使用的交易系统或者客观的图表分析来告诉你,市场什么时候开始对你不利(后面几章还会就这个重要主题多谈一些)。

很明显,只要你能发展出你所需要的技巧和策略,碰到大行情时持有赚钱的仓位不放,而且你有一套系统或技术方法,能在损失一发不可收拾之前,赶紧平掉仓位,那么一开始你并不需要为了大赚一笔而投下庞大的资金。强调准确进出时机的交易者,开始时可以用低到1.5~2万美元的资金进场。这笔数额不大的进场资金,发生错误的空间非常小。而且,市场就像一个伟大的财富分配机器,它不会考虑任何人的资金大小,它只会奖赏那些有耐心、守纪律、有能力的人,惩罚那些漫不经心、不称职的人。根据我的亲身经历,不多的启动资金也有可能产生持续不断和可观的利润。期货市场充满了以小钱起家,凭智慧发财的真实故事。

第 4 章
赢家和输家

布里昂在 1829 年所写的回忆录中，谈到一件往事：有人问拿破仑哪支军队最好。皇帝的回答是，"得胜的军队最好，夫人"。

在阅读一些关于赢家和输家的评论时，我就会想到下面这种情况。1983 年 1 月 10 日《华尔街日报》发表了一篇调查报告，20 位资深商品专家推荐当年上半年最好的投资产品。第一个选择得 3 分，第二个选择得 2 分，第三个选择得 1 分。结果如下：

买入铜	18 分
买入黄金	16 分
买入外汇	15 分
买入股指期货	14.5 分
买入活牛	11 分
买入白银	7.5 分

这里有一些很有趣的地方，值得我们进一步深思。首先，也是最明显的，专家所有的建议都是买入。这显然是个错误，因为在6项优先选择中，只有两项股指期货和铜在之后的6个月内上涨。其余4项中，黄金和外汇下跌，活牛和白银只是横盘整理。而且，虽然所有的选择都偏多，在那期间不少真正的多头市场，如玉米、黄豆、可可豆、棉花和糖，却完全无人提及。

铜一再上榜，难道不值得我们注意吗？上一次(1982年下半年)的调查中，铜排名第二，1982年上半年的调查排名第一。在前后一年半的期间内，虽然铜一再名列前茅，实际的价格趋势以及成功的交易者所做的决定，却不受这些排名的影响。这段期间内，铜价勉强在很宽的区间内横盘整理(1982年大部分时候下跌，1983年上半年上涨)。

这种情况告诉我们：预测期货价格趋势十分困难——即使只是预测未来6个月的趋势也没那么容易。专家们常常出错，这么差的表现提醒那些认真的商品交易者要注意两点：

1. 专家常常是错的。

2. 交易商品获取最大利润的方法，是掌握好的时机，运用技术方法，同时必须有优秀的资金管理，并把注意力重点放在趋势的跟踪上，而不是放在趋势的预测上。

市场中善于思考的学生一定会问：为什么专家常常犯错？为什么有那么多的交易者亏钱？答案不太好说。但是，仔细想想我所谓的"投机者的悲叹"，可能对你有建设性的启发。

第一部分
期货交易策略和战术

1975年—1980年间,我在休假未进入市场。除此之外,过去30多年来的大部分时间,我都待在华尔街或一艘游艇上安静隐蔽的办公室里,里面有交易屏幕、电话、技术研究资料以及其他必须的随身用品。当然,我一心一意关注的是:赚钱的仓位赚得越多越好,亏钱的仓位亏得越少越好,同时还要避免惨遭洗盘。

我一直独来独往,一个人交易,这完全是个人的选择,这是我早年在美林公司当商品经纪人时学会的。有一段特别时期,一群做可可豆的人让我加入每天收盘后的聚会,地点选在曼哈顿南区赫赫有名的马车夫酒馆。这些可可豆期友通常都会聊到很晚。里面的商户和本地大户无限制供应免费饮料,甚至免费市场小道消息,目的是引诱经纪行的经纪人和他们客户建立错误的仓位。我们可以从这种聚会得到一个教训:不管别人多么有经验或多么能干,跟别人分享交易思想和市场观点是不会有太大好处的。金融市场上放之四海而皆准的真理是:"知者不言,言者不知"。

接下来几年,我偶尔有机会演讲或讲授期货交易方面的课程。我所讲的内容,大体上以市场策略、战术和资金管理为重点,而不是讲一大堆市场小道消息,告诉别人要买什么,要卖什么。每次上完课,我都觉得自己有收获,觉得自己的知识更加丰富了,或者对自己所选择的行业又有了更深刻的认识。

其中记忆最深刻的,也许是在迈阿密、芝加哥、纽约、达拉斯和洛杉矶所举办的一系列周末投资研讨会。参加者年龄从19岁到86岁都有,也有父子、夫妇同来的。听讲者的经验从纯粹的新手到专业的场内交易者和大宗交易者都有。虽然我讲的比听得多，但我会设法问很多问题，所得到的答案很具启发性。

我发现几百位听众的感受都惊人地相似。关于投机者的悲叹，并不只是新手才有，很多有经验的专业交易者也会悲叹，只是他们不愿承认而已。无论专业的还是业余的投机者，最常见的挫折可能是："我看到市场按照我分析的方向移动，而当我建立仓位后，价格突然反转，往相反的方向走。"其实所有的交易者都会遇到这样的挫折，这话能不能让你心里好受一点？这种情况之所以发生，主要是因为战术和进出时机不当，而不是"他们"怀有阴谋，刻意把你（和我）洗出市场，造成巨大的亏损。"他们"怎么可能知道你（和我）刚买或刚卖，趋势一反转，你就招架不住？我曾经碰到过这种上下洗盘，让我深受打击，心有余悸之余还胡思乱想，认为自己即使同时买入和卖出同一个期货合约，"他们"也能找到办法修理我，让我两个仓位都发生亏损。这种想法可能不合逻辑，但在一连串的洗盘亏损后，我们一定会有这种草木皆兵的感觉，觉得处处有人跟自己作对。

这种悲叹的结果是："我总是在反弹的高点附近买入，在底部附近卖出。"其实，这种情况的产生是因为投机者总是在大家都买入的时候跟着买，大家都卖出的时候跟着卖，于是就形成头部和底部，至少在短期到中期的情况会是这样。这种不用心和进出时机不当的后果是可以预见的，一定是很大的亏损和很小的利润，整体算下来当然是亏损。

| 第一部分 |
期货交易策略和战术

下面这些话你是不是觉得很熟悉？

"我叫经纪人帮我买入糖，但他叫我卖出。"（这话的意思是：讲话的人可能一直想做多糖期货，但是没做成——当然了，接下来价格上涨了。）

"我的经纪人打电话叫我买入一些糖。我不觉得这个主意有什么好，但他说服了我，叫我买入了一些。"（这话的意思是：讲话的人接下来确实买了一些糖，但是一买入，价格马上就下跌了。）

如果你没有听过这样的话，要么你是新手，要么你太健忘！这样的话到处都能听到，解释了一种普遍的现象——那就是，我们总是用简单的方法为自己的错误找借口。可不可以让我推荐一个解药根治这种输家心态？

我的办法是：自己分析市场，部署好策略和战术，不要让别人知道。不要去请教别人的意见——所谓别人的意见，包括经纪人的忠告、市场建议，甚至是好心的场内小道消息。同时，不要把你的意见告诉任何人。张三买玉米，李四卖可可豆，或者王五买债券，你都不必在意。只要有某种方法或技术证明对你管用，你就根据这种方法或技术去做客观的分析和市场研判，并且坚守分析和研判的结果就可以了。此外，只有在合乎实际和客观的技术证据显示有必要时，才修正交易策略。这些证据可能是你的图表、计算机交易系统、催保证金的职员所发出的信号，他们会提醒你，你的仓位是逆势的，你的账户中保证金已经不足。简而言之，如果你的交易赚了钱，那么你应该挺起胸膛接受奖赏；如果亏了钱，就要自己承担亏损。很明显，进出市场你都必须有信心和勇气。如果你没有这种信心，就不要交易(除非是要平掉不利的仓位以控制亏损)。

　　投机者的悲叹表现有很多，但大体上似乎与以下缺点有关：不用心，进出时机不当，漠视优秀策略的基本原则，在坚守良好的技术系统或方法方面缺乏信心和纪律。因此，认真自我反省之后，就会得出以下结论：整体交易要成功，优秀的策略和有效的战术，与良好的技术或看图技术同样重要。

　　最后，如果不谈"赢的渴望对抗输的恐惧"，有关赢家和输家的讨论就不算完整。我从未看到什么书籍、文章谈及这个话题，但认识到这一点，对成功的交易绝对重要。

　　最近我接到澳洲一位男士的来信，重点是谈交易利润难以掌握：

　　我在纸上模拟交易的结果总是比我实际的交易要好很多，我也分析过为什么会这样。结果我相信答案在于一个很简单的真理，就是要看赢的渴望和输的恐惧哪一个比较强烈。纸上的模拟交易中，只有赢的渴望，而实际的交易中，主要是输的恐惧。

　　这不是很普遍的经历吗？我们每个人都曾有过很深刻的印象，

发现自己在纸上的投资组合表现远比实际的投资组合要好。投资报道和经纪公司所鼓吹的示范投资组合也会出现同样的情况。过分沉浸在输的恐惧中，导致投机者过度交易，不是所建仓位太大，就是进出过于频繁。交易者必须控制他们的重仓交易和频繁交易，这是非常重要的。这方面，我的一般原则是每个期货仓位，都必须有约2000～4000美元作为后盾。此外，日内交易和短线交易应该留给专业交易者或场内交易者去做，因为专业或场内交易者的资金通常较为充裕，他们有经验，所需支付的手续费也很低。在这里，耐心和纪律是必要的素质，因为懂得和能够准确运用进出时机的交易者，即使本金不大，也能因此积累利润。进出金额大的交易者如果战术上漫不经心或者进出时机不准确，就不能赚钱。

我曾接到数十位投机者的来信，其中有很多是新手。他们在信中提到，利用长期计算机交易系统两三年，他们一直赚钱。这些信中一再出现的一个要点是：我们有必要用客观和严守纪律的态度，一丝不苟地遵照系统的指示去做。这些经验可以给其他交易者一个启示，知道要怎么做，才能在风险受到控制的环境中和目标捉摸难定的情况下经常获得利润。本书第12章会专门讨论这个主题。

第二部分
价格趋势分析和研判

当你所建立的仓位正好是顺势的，而且坐拥利润，不管仓位多大，都不嫌大；相反如果你持有的是亏损，风雨飘摇中的逆势仓位，那么不管它们多小，都嫌太多。

| 第二部分 |
价格趋势分析和研判

第 5 章
交易工具

有一首非常流行的西部乡村歌曲，提到了一个四处旅行的赌徒所给的忠言。就像传道书中说的"凡事皆有定期，天下万物皆有定时"，赌徒也提醒我们：该抱就抱，该收就收——有时要赶紧卷铺盖出城！这个质朴无华的智慧众人皆知，经验丰富的交易者也都身体力行。如果他们不奉行这一点，很快就会成为"过去的"交易者。

这些年来，让我很惊讶的是，很多投机者对商品交易抱着十分天真的想法。要进入这个市场十分简单。大多数情况下，你只要找到经纪人，填一些表格，连支票一同寄过去就可以了。没几天，你就可以随你所愿在不同的仓位上大进大出。由于你的保证金可以低到市价的 6%，所以刚开始只要 1 万美元，就可以控制约 17 万美元的仓位。虽然想到潜在的庞大利润会让人兴奋不已，但千万要牢记，一旦趋势对你不利，只要波动3%，你的本金就可能亏掉一半；波动6%，全部本金就会赔光。

很多人为了得到一份较好的事业或职业，愿意接受多年的训练，也会认真学习若干年。但是对于期货，却想都不想，就一头扎进去，这难道不让人吃惊吗？而一头扎进去的人，往往没受过多少训练，或者没有实战经验，所凭借的只是一个小道消息、一个谣传或者营业厅里一知半解的闲聊。我见过这样一些人，他们在买照相机或电视机时花费的时间和精力要远远多于在建立谷物或金属大仓位时所付出的。在期货交易的战场上，到处都充斥着梦想赚大钱、自以为是的投机者。

绝大部分初学交易者，从失误和毫无章法的投机中得到短暂和昂贵的一连串教训后，心不甘情不愿地加入所谓悲叹投机者的行列。他们心情更悲伤，处境更糟糕，而且很遗憾的是他们并没有因此而变得更聪明。

我一直坚信，无论外科手术、航海、投机，还是其他事业，任何领域如果真想有所成就，就一定要做周到和有条不紊的准备。可以想象的是，一个人如果有耗费心力的全职事业或工作，他就一定无法全心全意地去研究和准备期货的投机。但是他(她)还是可以找到办法，为投机交易多做准备，提高成功的概率。

在拿真金白银从事冒险之前，为期货投机做准备的一个最有效方法就是，仔细钻研有关期货投资技巧和方法的书籍。我坚信，从事任何新的工作，都要提前研究和准备。此外，各种金融杂志，以及定期的商业日报和周刊上面所写的文章或特稿也十分有用。不过,我所指的是有关市场策略的文章,或者是那些重点关注一般经济或行业状况的文章。凡是试图预测期货价格或价格趋势的文章,我特别要把它们剔除掉。原因在于,即使预测准确(往往不是),你还是要面对一个问题:市场是否已经消化吸收了这个预测?事实上,华尔街上有句古老的名言:"谣言出现时买入,消息出现时卖出。"其大意是:当消息公之于世时再采取行动,其实已经迟了。

我还记得几年前的一个情形,那次我替客户和自己建立了一个很大的胶合板多头仓。刚买入的几天内,有个大投资公司的证券分析师来看我,他是我的大客户,刚知道我为他买了胶合板。他非常焦虑地告诉我,他刚参加了佐治亚太平洋公司的股东会议,听一位高管说该公司预期那一年年底前,胶合板市场都会处于被动局面。我正准备用一种外交式的方式拒绝他这个不相干的故事,却惊讶地看见他从手提包里抽出一本当时的《时代周刊》。《时代周刊》也对木材和木材产品的价格做了偏空的分析。他天生是个相当保守的投资者(我很奇怪,他为什么要做期货?他在开户的时候,为什么不告诉我他很保守?),没过多久,我告诉他,他的胶合板仓位比他所想象的还要大,因为我已平掉那些没有明显趋势的谷物仓位,金字塔式加仓买入更多的胶合板。他听完就几乎绝望了。

过了一会儿,他的心情才平静下来。虽然他是一个很有经验和颇受敬重的证券分析师，也是一家著名投资公司的合伙人，但是以前没做过期货。在接下来的讨论中，我说明了几点：我并不在意佐治亚太平洋公司的那位先生说了些什么，理由有三：一是他不知道木材市场的价格趋势；二是他早已知道但不愿跟大众分享他的信息；三是他讲得不错，但这个信息可能已经被市场吸收消化了。为什么要买这么多的胶合板？我的回答是，市场明显上涨，它是我的投资组合里表现最好的仓位，账面上已有很不错的浮动利润。更何况，我的策略是：表现最好的仓位要做金字塔式加仓，表现最差的仓位要平掉。

这件事让我耿耿于怀很长时间，心情久久难以平复，但第二天有件事让我的心思从胶合板市场挣脱出来，也忘记了与客户这次奇怪的会面。我向码头的邮箱走去，想看看所订阅的东西到了没有。出版商告诉我邮件已经投递，但直到昨天晚上，邮件还在途中。今天我的运气不错，因为它已经到了港口的邮箱。我快步回到游艇上，躺在甲板舒适的躺椅里，怀着一颗期盼的心情拆阅邮件。接下来几个小时里，我就完全沉浸在阅读和摘记那些丰富的内容之中了。

也许你会问，究竟是什么内容让我如此用心？是什么东西让我用美好的周六下午来研究它呢？一本我喜欢的杂志，还是一本我找了很久的好书？事实上，我看的并不是小说，而是一些有关国内外事件和商品报价的材料。对于那些能洞窥其中秘密的人而言，这些材料对未来太重要了。

第二部分
价格趋势分析和研判

这份颇具吸引力的材料就是芝加哥商品展望杂志（芝加哥南沃克尔道30号，IL60606) 出版的《10年周线图》。这份材料与个人的智慧、专注、经验、反思、客观、纪律性有效结合在一起，将有助于打开长期交易和投资的大门。

根据我的经验，场外交易者最赚钱的方法就是跟随趋势做长线。在这里，交易者不必预测头部和底部，不必通过这种预测去平仓（顺势的仓位）或做反转（逆势的仓位）。趋势图的形态是可以运用的，其中包括50%的反转法则，但这只能当做一般的指南，告诉我们支撑或压力可能在哪里，或找出顺势的仓位可以在哪里做金字塔式加仓。交易者不必花费精力去预测头部或底部，而是用心找出主要的价格趋势是什么。一旦趋势确立，他希望能赶紧上车。不管是在主趋势的反转之处进场，还是在支撑点显著突破之处（做空时）或压力点显著突破之处（做多时）进场都可以，他永远都处于持续性的主要趋势中。

很显然，这种长期顺势的交易不是最简单或最快速的谋生方式，但是愿意这么做的人如果同时能避免在行情涨跌起伏之间被淘汰出局，成果会十分惊人，利润甚至可以达到电话号码那么多。譬如，在19世纪70年代中期，我和客户准确地找出小麦的长期趋势（上涨），而且在多头趋势的主升段持有仓位不放（从3.60美元涨到4.90美元左右，还一路做金字塔式加仓），结果从小麦市场得到了可观的7位数字利润（见图5-1）。

图 5-1　1975 年 3 月小麦市场

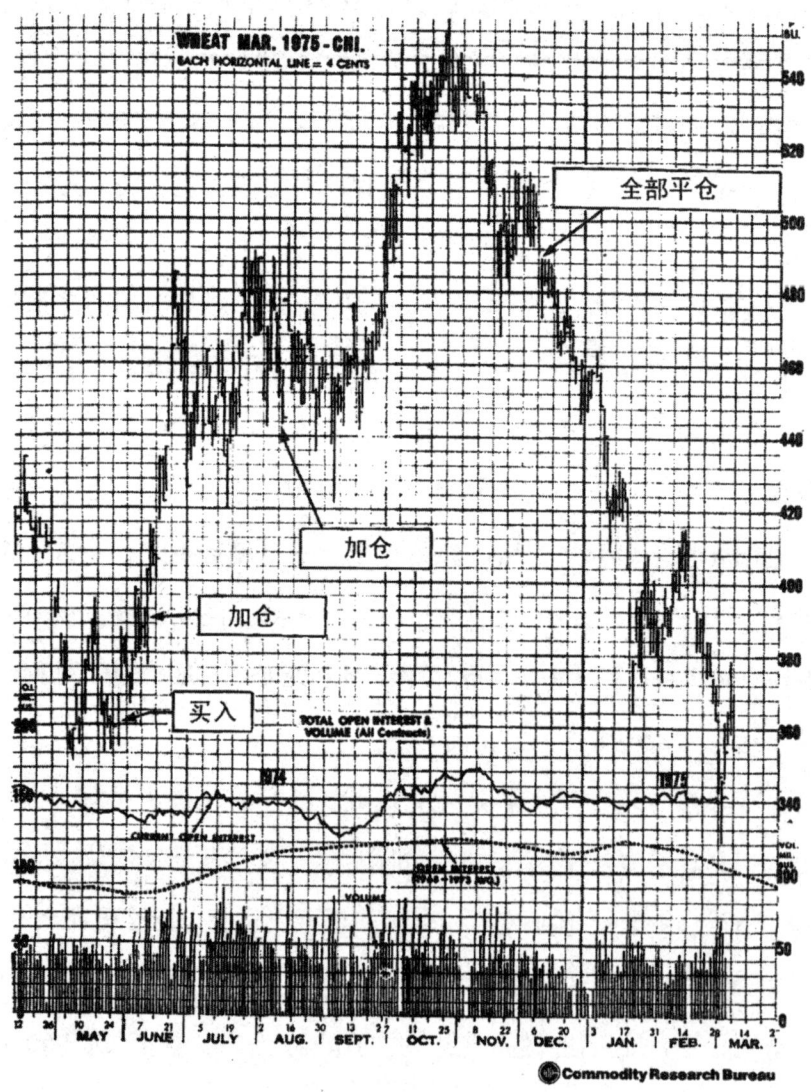

这是我关掉我的工作室之前的最后一笔交易。随后，我收拾

第二部分
价格趋势分析和研判

行囊，休息了5年。当时，我在3.60美元左右建仓，分别于6月在3.85美元附近的突破之处和7月在跌向4.40美元的回调处加仓两次。我在1974年12月9日上午因反弹失败，平掉整个仓位。那天早上传出了利好消息，本该导致行情上涨3~4美分，但开盘反而下跌2美分。价格不能跟着利好消息上涨，我觉得该出场了。这次做得很好！7周后，市价跌了1美元。

正如一个优秀的工匠，工欲善其事，必先利其器。而我们在这里所要提到的工具，是一组整理得很好的长期连续图。我见过最好的一组长期连续图就是前面提过的《10年周线图》，每半年(在春秋两季)出版一次。这些趋势图于1984年问世，有很多系列，其中一个系列是30张12.5寸×17寸的图形。每张图都记录了10年的每周收盘价。定期查看这本长期趋势图，交易者一定会得出一些绝对有利的观点。这样，市场的杂音和争论就会被过滤掉，对于聪明务实的分析者来说，主趋势就会赫然呈现眼前。

期货交易者确实需要有价值的趋势图，幸好有几家公司提供的趋势图还不错。有些人可能误以为只有靠技术交易的人才需要图形，依基本面交易的人则不需要。我曾考虑过这个问题，认为所有交易者无论交易取向如何，都应该定期买张图来看，作为整体分析不可或缺的一部分。这些图给我们提供的不仅仅是每天报价的集合。一般来看，每周送来的图大概有200张，上面有每天的最高价、最低价、收盘价、成交量、持仓量、某种移动平均线、现货价格、现货与期货对照价格、海外市场和跨期图。在这些图里，会有一些依一定间距编成的周线或月线图，期间长达20年(见图5-2和5-3)。最后，还有很多技术交易者特别感兴趣的振荡指标或趋势指标，如首屈一指的"计算机趋势分析者"以及纽约商品研究局每周提供的图形。要找出每个市场的显著趋势，以及交易区间之上或之下的反转点，这些图形可以帮上大忙。

图5-2 燃料油(近月期货)长期周线图，1981年—1986年

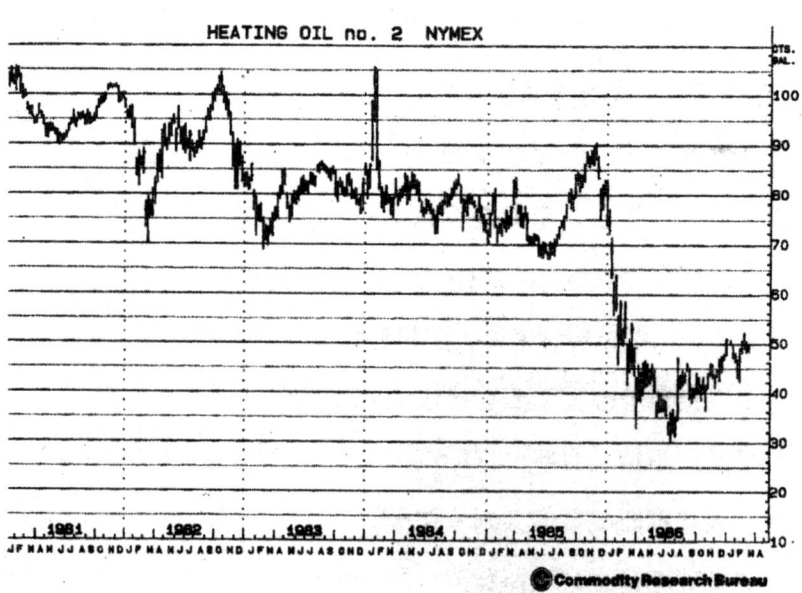

长期周线图提供的视野比日线图更宽广，对技术交易者来说，要找出和分析市场主趋势以及支撑/压力位，具有很大的价值。

第二部分
价格趋势分析和研判

图 5-3　横跨 20 年的黄金（近月期货）长期月线图

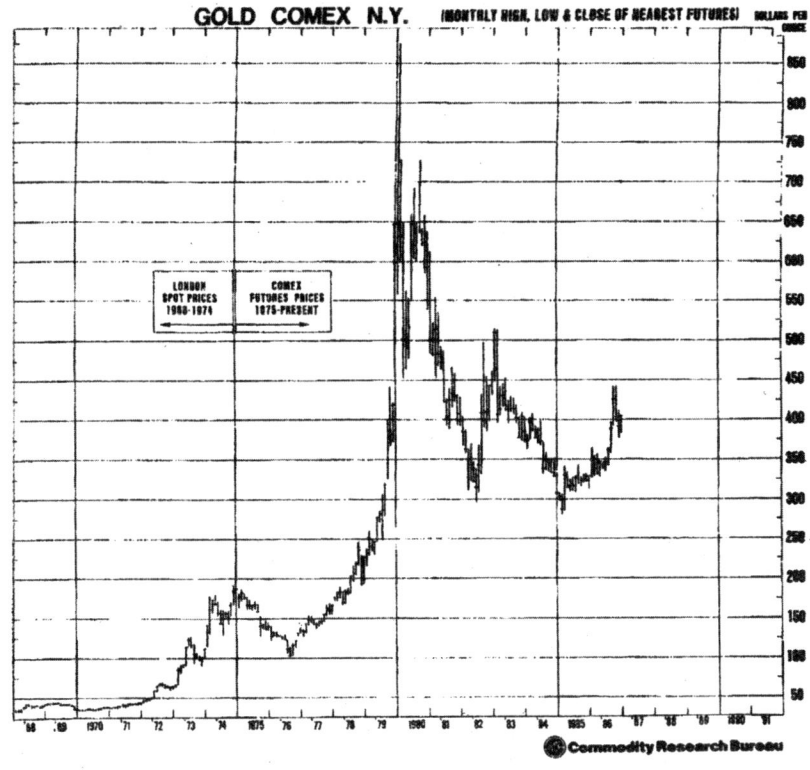

长期月线图配合周线图使用时，可以提供技术交易者最清楚和最有利的视野，使顺势的仓位交易更能得心应手。

对于基本面分析师或任何不想把眼光局限在纯技术性解释的人来说，商品研究局每年出版的《商品年鉴》尤为重要。《商品年鉴》最早出版于 1939 年，这部厚厚的年鉴无疑是人们最常用的商品参考书。《商品年鉴》提供了广泛的统计数据图表和基本面数据，几乎包含了全球的商品，更有精彩绝伦的文章和实用的特稿，认真的交易者一定要看。

最后且特别要强调的是,交易系统,尤其是历史数据和计算机交易系统,在期货投机和对冲交易所有的进出及时机决策上日益重要。我们将在第 12 章专门讨论。

| 第二部分 |
价格趋势分析和研判

第 6 章
当基本面分析和技术分析出现矛盾时

1989年仲夏日的下午，曼哈西特湾炎热无风。我和好友场内经纪人托尼在他的单桅帆船上百无聊赖地躺了一个小时，等候两点钟的南风把我们送到长岛沿海的北岸，享受一些新鲜的蛤蚌和贻贝。帆船在寂静的空气中一动不动，唯一听到的声音就是船帆和绳子噼啪的碰撞声，简直无聊至极。我们都不健谈，平常的话题基本都谈完了。也许这与我们即将谈到的话题有关。所有的朋友都知道我有一个特点，就是绝不听别人的市场意见，我也不跟别人谈自己所知道的。但就在那艘船上，突然间我们聊起了燃料油市场。严格来讲，不是我们在谈，应该是托尼在讲，而我在听，但后来为什么会导致我们之间的争论呢？

"我要告诉你一件非常机密的事，但前提是你得保证绝不告诉其他任何人。"托尼显得很亲密地低声对我说。"干吗总是一副神秘兮兮的样子？"我问道，"放眼望去，500 码内没有别人，而且我对你的小道消息根本没兴趣，如果你真的告诉我，我一定打电话告诉所有人，就说是你说的。"嘿，这么一来，他就不敢讲了，我心里想。

错！我不客气地指责他，但没过几秒钟，他又开始唠叨："我跟你讲，我会给你这个机会，不过还是拜托你，千万不要告诉别人。"

我想，他是下决心非说不可了，这其中一定有些名堂。果然不错！"雅曼尼就要宣布沙特阿拉伯的石油产量要增加一倍。"接下来是很长的停顿。在这种状况下，我唯一能挤出来的话是："那又如何？"托尼显然不相信我的反应，"那又如何？你就说这么一句话？你难道真看不出来其中的意义吗？全球最大产油国的石油部长说他要增加一倍的产量时，市场价格一夜之间不跌 20 美元才怪，甚至 30 美元都有可能。这里有钱可赚，我给了你机会。还有，营业厅里的大户们都在大量做空。"

我只听进我想听的东西，而且，我怎舍得让这种无稽之谈破坏马上就要来到的美妙午后扬帆之旅呢？"你看，"我抢着打岔，"我对沙特阿拉伯这个国家了解不多，也不认识他们的石油部部长，产油量多少才算多，多少才算少，对期货价格又有什么影响，更是不懂。而且，我真的不知道，也不关心那些大户在做什么或没做什么。"（我听过的大户故事有一箩筐，可以说，我已经有了免疫力。）"但是我确实知道现在是做多的时候，我看到市价还会涨得更高。我们可不

第二部分
价格趋势分析和研判

可以谈点别的东西？"嘿，我显然占了上风，我还从没见过这位纵横沙场且面不改色的专业交易者脸上有那么惊讶的表情。但是我的做法挽救了那一天的下午，我们玩得很尽兴。

那天晚上，下午的谈话内容一直回绕在我的脑海里。我马上拿出各种各样的图表和技术分析资料，重新仔细检查市场趋势。也许有什么地方我遗漏了，或者有什么地方理解错误了。这种情况下，最好的办法是再检查一次。

那是1985年7月中旬，2月燃料油一直锁在70.00～73.00非常小的区间内。有些计算机交易系统已在7月10日发出平掉空头反转做多的信号。但是我还必须等到收盘价站上74.00再全力以赴地做多，因为我预期一波大涨行情呼之欲出，市场强劲的趋势告诉我这件事近在眼前。就让那些大户和追随者们去谈论和猜测沙特阿拉伯石油部部长所要宣布的内容及其可能的市场影响吧。对于我来说，这是个多头市场，此外什么都别提！雅曼尼可能会也可能不会宣布增产，即使真讲了那种话，这种利空消息可能早已被市场所消化吸收，并反映在价格上了。而且如果真的宣布增产，那也只能给困兽犹斗的空头最后一丝希望，接着马上会被势如破竹的多头杀得片甲不留。总之，我的技术分析是看涨，现在正是一个典型的空头陷阱。

有勇也要有谋，我没有相信空头小道消息，安心地持有2月燃料油多头仓。幸运之神很眷顾我，因为接下来几周，大盘横盘整理，上下起落，让那些大户和可怜的追随者们有充足的时间满仓做空。这一天终于到了！7月26日星期五，2月期货强势收盘，接近74.00，有苗头了！不幸的空头们终于沦陷了，然后又来了一次短暂的回调，最后市场开始一波强劲的上涨，最后涨了约16.00美分，相当于每份合约6700美元（见图6-1）。更令人惊讶的是，沙特阿拉伯石油部部长确实宣布了产量要加倍的消息（托尼所讲的故事至少这一部分是对的），而且也预测价格会大跌。但市场却不为所动，在它如万马奔腾般地迈向更高价位之际，并没有因石油部部长如史诗般雄壮的一席话而摔一大跟头。这一点一定让那些勇猛的空头斗士们泄了气，也给他们造成很大的痛苦：他们在多头市场中听信利空的小道消息，最后亏掉了上千万美元。

　　这个不幸的故事给我们上了一课：要玩就要在真实的世界中玩。我们必须当心那些爱传小道消息的人，以及一些出于好意的小道消息和免费的建议。当基本面和技术分析的结论与市场的预测趋势相反时，漠视技术性的结论，或者死守逆势仓位且不设止损点，很容易让你面临险境！

　　不久后，我到日内瓦去，这个教训让我更加深刻。当时有个瑞士同行跟我聊了起来，谈到交易利率的事情。他用十分怀疑的语调问道："你们那里的投机者怎么能靠闲谈和电视、报纸上所谓的新闻分析去交易呢？每次有所谓的博学专家大谈通货膨胀、赤字、预算平衡和利率涨跌时，市场总会鸡飞狗跳。甚至你们那边有个绰号叫末日博士的著名经济学家，追随者只要宣布他要出来讲话，市场就会大跌，怎么会这样呢？"

第二部分
价格趋势分析和研判

图 6-1　1986 年 2 月燃料油

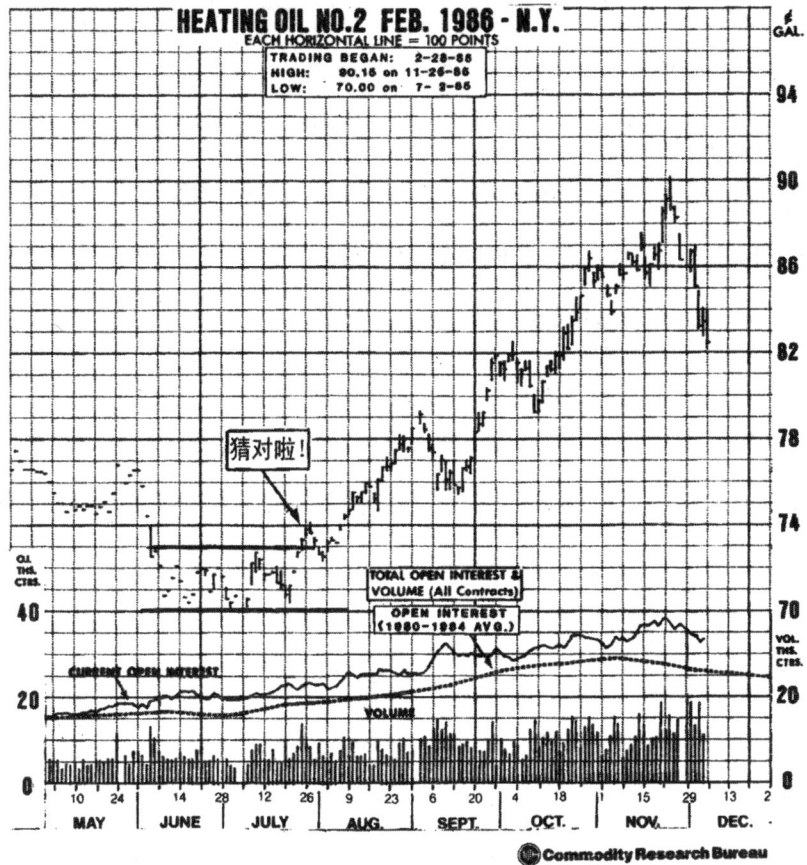

1985 年 6 月—7 月间，市场价格锁在 70.00～73.00 的狭窄区间内。后来很多场内交易者预期沙特阿拉伯石油部部长将要发布利空的消息，纷纷大肆做空。然而，7 月 26 日市场向上突破，开启了大多头趋势，直到 90.00。很多大户和追随者掉入空头陷阱（以前他们常对别人玩这种把戏），亏损了上千万美元。他们犯了什么错？他们在多头市场中听信了利空的小道消息。

我非常同意这位朋友的看法。他对美国风土人情的了解，使他把金融期货交易描述成"傻瓜的游戏"。的确如此，我们全都听过不少人高谈阔论，预测利率的可能趋势，大谈影响利率的各种因素。譬如，削减预算赤字的努力碰壁，联邦储备委员会要放松（或紧缩）银根，储备银行的副主席表示经济可能开始过热，某位本来认为通货膨胀压力下降的人士据说已经改变了他对通货膨胀的看法。

每当上面所说种种看法见诸电视屏幕或报纸杂志时，观察美联储动向的人和金融期货市场上的赌徒就想从中找出逻辑上的含义，并与市场上正出现的情况联想在一起，或者去探测市场可能出现什么样的趋势。与此同时，极少数精明谨慎、严守纪律的交易者还是一如既往地追随价格趋势和客观的技术分析，下好（通常是）必赢的赌注。他们不理政治性的声明和任何口号，坐在一旁看着别人表演，等着即将上演的好戏。

尤其是在市场激烈波动期间，更有必要把注意焦点放在市场趋势的客观分析上，短期和长期趋势都要分析，同时要漠视所有专家所说的话，以及由之而来的市场混乱和警告的声音（当然，要做到这一点并不容易）。

我发现自己最近也跌进同样的陷阱里，而这是很不应该的。我本来是很心平气和地坐在桌前，看着图形和那小小的彩色屏幕，至少到那时为止，还很成功地避免在明显的空头趋势里做多利率期货。但是当我翻开某份商业日报，看到总统对于当时进行中的两党赤字缩减谈判的谈话，我感觉到自己的脉搏在加快。为什么我要去注意这种事情，而最重要的是，为什么要让这种事情影响我进出市场的判断？没过多久，我拿起直通芝加哥的电话，平静地以市价买入不少国债期货。很明显，我是在趋势稳固的强大空头市场里逆势交易，而且是在一个小小的技术性反弹处买入。如果要有什么动作的话，那应该是卖出，而不是买入。那为什么我没有"躺下来，直到情绪过去为止"呢？事后回想起来，我当时是屈服于两种因素之下，一是我那任性且一厢情愿的想法；二是希望自己能尽快买入（我给自己找理由说，价格看起来似乎太低了，再卖也没多少空间）。这笔交易亏了钱，可以给我一个教训——在明确的价格趋势中，想要逆势抓头部或底部，对个人的财富绝对是有害的。

本书会反复提到期货交易的两个要点：遵守纪律和采取客观的方法。我们都曾有放松警惕而忽略市场技术面的经历。大体而言，只要我们想看清楚，市场通常都是很清楚的。但其结果呢？不言而喻。过去，我总是认为自己知道鸡蛋的很多做法。但是，在这个行业打拼了近30年，我才知道有一种蛋的做法，无以名之，姑且叫做"商品交易者特制蛋"。这种蛋是丢在人的脸上的。我们每个人或早或晚都曾经吃过这种蛋。这是你吃过最贵的一道菜。而且，虽然脸上有蛋的交易者极力想把蛋抹掉，很遗憾，似乎有一股强大的力量抗拒着这种努力。这种力量就是希望和恐惧的纠结、贪婪、缺乏耐心和不守纪律。

譬如，1984年秋季，芝加哥谷物市场似乎就要突破上下差价颇大的横盘整理区，进入本来就有的下跌趋势。所有表现不错的长期趋势跟踪系统都已显示下跌，客观的图形技术也显示这种情况。如果还需要进一步证实的话，那么商品研究局谷物期货指数跌破230.00也说明了这一点（见图6-2A）。但是，报纸杂志上不断有多头题材和报道出现，使得这个成型中的空头趋势（趋势很强，后来持续了约两年）像雾像雨又像风。报道说：美国谷物生长期间，气候很差，不利收成，农作物征税，苏联谷物短缺，不得不在全球市场大肆采购，加拿大收成减少。利多消息到处都有！那为什么谷物市场会下跌，跌个不停，前后达两年之久呢？1984年开始的金属市场趋势也有类似的情况。那时候有很多市场预测、经济和政治分析。经纪公司也插上一脚，全都预测价格会上涨，建议客户做多。真的，他们都让大家做多！在这里，商品研究局贵金属指数又说出相同的故事（见图6-2B）。当时，价格就要继承20世纪80年代初的空头趋势，再跌一段马上就要在市场中得到证实。

听了这些源源不断的利好消息，人们不做多也难，不过，如果客观务实地研读各种技术因素，我们可以很清楚地看出这个市场是空头市场，至少是偏弱的局面。成功的投机者既严守纪律，又用很务实的方法分析趋势，并采用可行的顺势交易策略。他们对于这些杂音根本充耳不闻，而只是一心一意地钻研技术分析。

这么做，一方面可以因做空而赚到一点钱；另一方面又可不必因做多而亏钱。

图 6-2A　商品研究局谷物期货指数

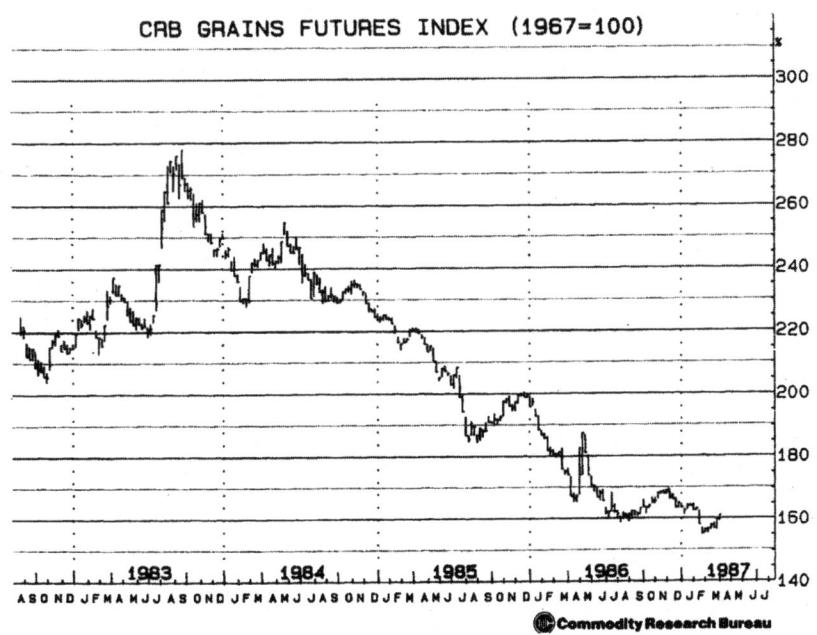

1984年对期货交易者而言是令人混沌的一年。新闻报道和投资建议几乎全面偏多。春季价格反弹，投机者以为价格开始上涨，开始买入。其实，短暂的上升趋势只是主要空头市场的喘息期，原来期货市场从1983年便步入空头，并延续到1985年至1986年。只有遵守纪律且务实的交易者在期货市场做空才能赚钱，而且是赚大钱。

图 6-2B 贵金属指数

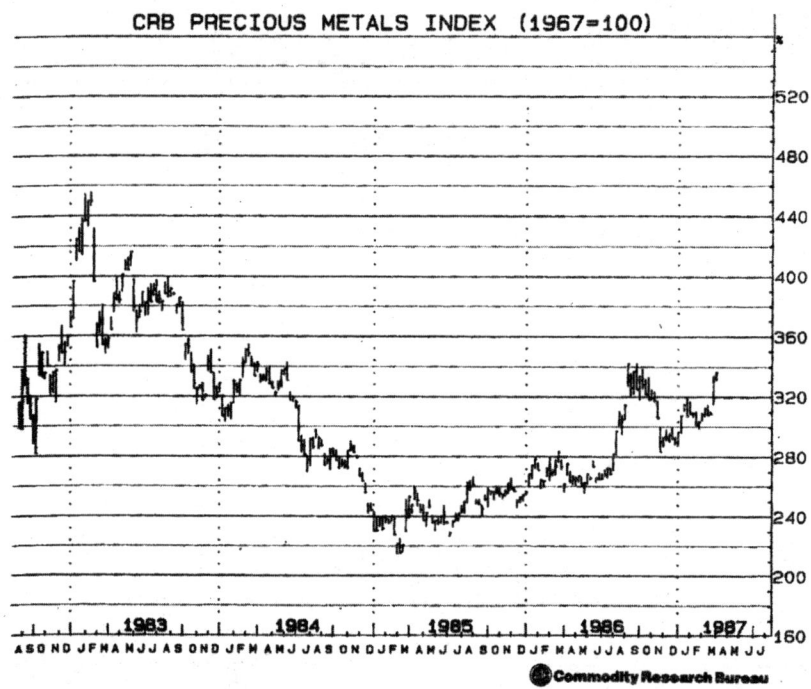

我们在图形或者系统打印出来的报表上面所看到的东西，总是跟我们在报纸杂志上所看到或者电视上所听到的分析背道而驰，这就难免会在大部分投机者心理上创造一种似乎永无止境的矛盾情结。在其他事情的预测上，也可以看到同样情况。有一半的所谓博学经济学家一直告诉我们：如果利率上涨，商品期货价格就普遍看跌，因为利率上涨后，持有存货的成本会提高，并促使贸易商减少或延迟采购存货。而且，在利率上涨后，投资者会把资金抽离风险较高的商品期货市场，转入收益较高的信用票据中。这种说法自然合情合理。问题是另一半的经济学家告诉我们：如果利率下跌，商品期货也会进入空头市场，因为这表示整体通货膨胀下降，也就是商品价值下跌；而且，投资者眼见未来通货膨胀趋缓，就不会再买商品来对冲通货膨胀。

我们发现，在分析外汇市场时，也有同样的矛盾情结，交易者或避险者很难根据基本面的预期或市场事件去交易外汇。譬如，纽约一份主要财经专业报纸在美元走软一段时间后指出："昨天美元绽显强势，令交易者大吃一惊。美元转强部分原因在于波兰劳工领袖遭到拘留。"德国马克疲软，原因在于德国银行业者是波兰的主要债权人。

然而，那一天日元正好上涨，那份报纸颇有技巧地把日元之所以强势归因于日元独立于欧洲市场之外。不过，如果实际情况相反，日元下跌或德国马克上涨，你一定也会听到有人创造出合情合理的解释并到处传播。

那些显然矛盾和事后刻意编造出来自圆其说的新闻分析，把我搞得太迷糊或心烦气躁时，我的反应是找个清静的地方，详细务实地检查我的那些短期和长期图形，以及其他技术指标，目的是要在一片混乱中理出头绪。做这种工作，最好是找个僻静之处，不要有人打扰，不要有电话，不要有忙碌的同事走来走去，也不要有人在旁边焦虑地等着。这个环境是不是清静，跟你做出来的分析是不是彻底，品质好不好，有很大关系。到哪里去找这么一个清静的地方呢？我会驾船出航，抛锚在舒适幽静的港湾。不过，在海滩、静谧的公园，或者一处清静而远离他人的房间，也可以做到这一点。

第7章
关注长期趋势

如果你觉得现在交易期货赚钱比过去更困难，那么问题出在你身上的可能性要高于出在市场上的可能性。技术交易者的眼光越来越偏向于短期，也越来越侧重于细微之处，主要原因有两个：

1. 大量的资金进入市场，但因涨跌差距不够大或者避险交易太少，不能应付庞大数量的订单，导致市场波动加剧，价格趋势变得似乎毫无章法。

2. 功能强大的计算机和软件程序日益普及，它们都是侧重于短线交易，让很多技术交易者误以为做短线是流行的做法，也是最好的交易方式。

的确如此，每天的柱状图或点数图，整个交易时间内不断延

第二部分
价格趋势分析和研判

伸的数据线，充斥着我们的视野。我们每个月只要花很少的钱，就能在屏幕或报表上看到快速闪进的 5 分钟 (或更短的) 柱状图。我们不妨设想在一个交易日内短短的 30 或 40 分钟里见到头肩顶就想马上交易的情形。可以肯定，这么做未免太辛苦了。最近有人向我展示这么一个在屏幕上做细微分析的图形。有一天，克利夫兰的一位交易者打来电话说他刚在棉花市场上看到头肩顶形成，问我的看法怎么样。我只能回答："啊，真的？"沉默了一下之后，我又说："哦，你说的是哪个头肩顶？你看的是哪个棉花市场？"我真想问他早上是不是把苹果汁放在太阳底下摆太久了，但我忍住冲动，没有问他。事实上，我一直在注意的棉花市场跟他看到的是同一个市场：这个市场早就呈现牢不可破的上涨趋势，而且趋势强劲，活泼有力。从长线的角度来看，我看不到有什么地方像是在做头。我进一步问他，头在哪里，他才说在当天 (1986 年 8 月 27 日) 那个交易日内的两个小时内形成的。我告诉他，他看到的是一个强大的多头市场里面一个很微不足道的整理，根本没什么了不起。我建议他找个价位买入，而不是卖出。市场趋势显然与我的看法相同，到收盘的时候，市场出现新高。从后来的趋势来看，那位先生所说的头肩顶根本不存在，事实上根本就没那回事！(见图 7-1)

交易者用细微的方法去做短线，刚好跟做长线的方法背道而驰。长线交易所提供的机会最大，不但能持续获利，而且风险很小。把注意力放在比较长的趋势上，就可以避免被市场上每天发出的杂音骚扰,并且能够对价格和趋势走向保持更好的观察。交易者眼睛盯着5分钟的价格趋势图,怎能对市场保持平衡的观察?对这种人来说,3~4个小时就算是长线了。

图 7-1　1987 年 7 月棉花

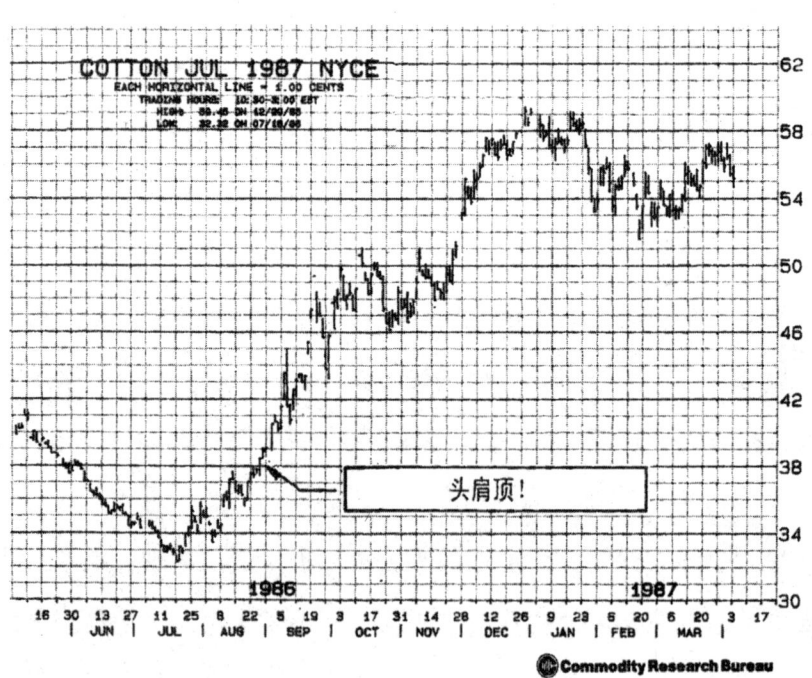

你能想象吗?有人根据按分钟跳动的细微图形分析指出,8月27日有头肩顶形成。这位交易者甚至根据自己的分析做空。他所称的头部只持续了约一个小时。事实上,这是个绝佳的买入良机,特别是收盘见到新高价时。从那里开始,市场"开始飙升"。

第二部分
价格趋势分析和研判

长线交易者的工具箱里，一定备有长期的周线图和月线图。没有这些图，我根本不敢交易期货，就像没有航行图就不敢扬帆出航一样。

这些长期趋势图除了能对主趋势提供一目了然的画面外，还能提供很理想的观点，告诉我们什么地方可能有支撑，什么地方可能有压力。我说"可能"，是因为这个世界上找不到万无一失的方法，很难百分之百找出趋势和支撑/压力点，但是这些长期图形是你所能找到的最有效的工具。讲到这里，我就想到那次交易铜的故事。那是1972年年中的事，我持续对各种市场做了深入而广泛的观察，我发现铜价在45.00～55.00的横盘整理大区间内运行，碰巧是长期的强支撑区。市场在回调到45.00左右时，就能找到良好的支撑，反弹到55.00左右时，又会出现沉重的卖出压力。而且，进一步研究铜价的长期价格循环周期时，可以发现从1964年以来，每隔几年就有一次很重要的多头趋势出现，如下所述：

年份	起价	高价	市场涨幅
1964	30美分	62美分	32美分
1966	38美分	82美分	44美分
1968	42美分	76美分	34美分
1970	44美分	80美分	36美分

对于这种每两年固定出现一次的形态，我并不是很在意，因为那可能是巧合。但是长期趋势图(见图 7-2)可以看出一个重要的端倪，明显指出这个活力充沛的市场中有机会。长期趋势图显示底部大涨行情的起价(30.00，38.00，42.00 和 44.00)都是一底比一底高。由于主趋势仍然是横盘整理，于是我翻出了短期(计算机时代以前)工具——日线图趋势线和移动平均线。根据这个分析，我开始在 48.00～50.00 的区间内慢慢加仓建立铜的多头仓，最后持有约 350 份合约。

图 7-2 铜(近月期货)长期月线图

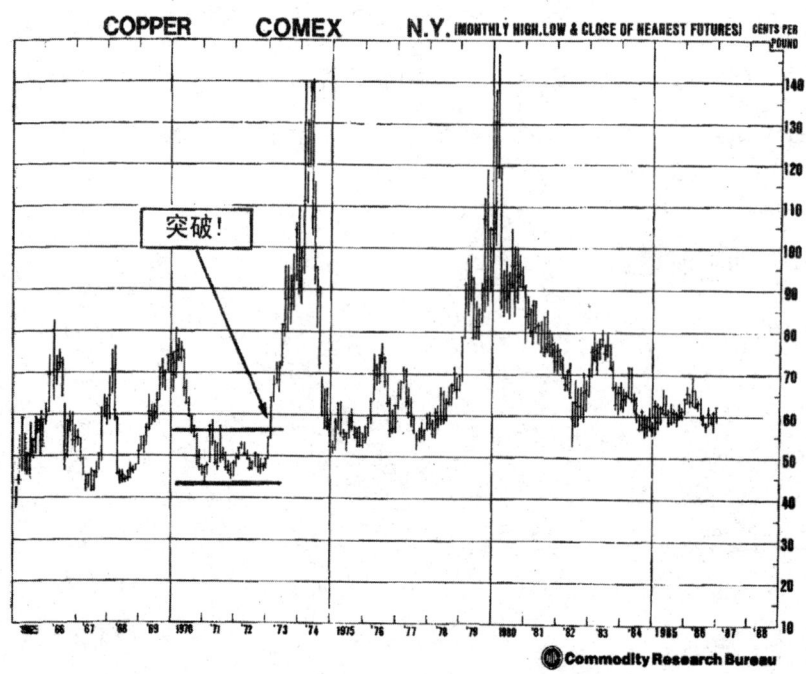

| 第二部分 |
价格趋势分析和研判

1971年—1972年间，铜价在45.00~55.00的大区间内交易。这个区间是很坚实的长期支撑区。我在48.00~50.00之间积累了很大的仓位。1973年1月初收盘价高于59.00，趋势终于突破这个交易区间开始上升，一路不停，直接涨到70.00。70.00附近短暂整理后，1974年春季价格涨到了130.00~140.00。到了1985年左右，价格又回到55.00~70.00之间，交易者不禁引颈期盼以前的那些高价到来。

一天早上，有位年轻人来到我在百老汇的办公室。他是远东一个重要私人银行家族的后裔。经过一阵必要的寒暄后，他道明了来意。

"我们了解到你在纽约商品交易所买了很多铜，可不可以请教你其中原因何在？"

"哦，难道还不够清楚吗？"我反问，"我认为价格会上涨。"

他继续小心翼翼地探询。最后他终于搞清楚我并没有任何内幕消息，而只是纯粹依据技术分析和长期交易策略来交易时，他拿出自己银行所编的一本厚厚的铜价研究报告。这本报告是一群著名经济学家编写的，其要点是：铜已经严重过剩，需求疲软，铜会长期过剩，价格至少会再疲软一年。当时，我心里很不舒服。我想，我的心情也会疲软很长一段时间。

难道他们可能是对的？这位银行家朋友留下报告副本离开了，

而我却坐立不安了。他离开后，我也出去抚平紧张的神经，并防止自己打电话到营业厅，把多头仓平掉。这个人的来访让我心里不安，两天后心情才平静下来。没错，仓库里堆积的铜确实太多了，多得不像话！毫无疑问，庞大的供给量给市场带来了沉重的压力。

包括那些满腹学问的经济学家在内，没有人知道铜的价格会怎么走，我也不知道，但我不希望这件事继续困扰我。市场趋势直截了当地告诉我，价格正要稳定在当时的水准，而且不少有识之士和财力雄厚的人正在加仓。最终，阻力最小的方向当然是往上走。这就是我的结论，我的策略是：持有多头仓，周收盘价高于 56.00 就多买些，初步的长期目标看到 75.00 左右。

实际发生的事情非常简单。不久之后的一天，一支中国贸易代表团到达伦敦，表面上是买谷物和农产品，但在离开之前，他们几乎买光了所有的铜。一年后，那位银行家朋友根据那份华丽且机密的研究报告而想要买铜时，市价已经超过 100 了。

关于这次铜的战役，最后有必要提一下。当我平掉最后几张单子，成交单上的墨迹还没干时，整个仓位总共赚了大约 130 万美元。

我接到很多交易者关于投机交易的信件和电话。但来自匹兹堡的一位专业交易者 1984 年 8 月所写的一封信，与上面所说的主题有特别的关联：

| 第二部分 |
价格趋势分析和研判

我们一直都听说在目前的市场情况下进行交易是很困难的。很多计算机交易系统一再显示趋势"掉头",于是大部分投机者都跳上"新趋势",没多久市场又转向了,而且是快速朝另一个方向奔进。这种事情越来越成为家常便饭。

这种事情为什么会发生?交易者如何才能避免这种陷阱?很遗憾,很多交易者做技术分析时,眼光都过于短浅。譬如,主趋势是下跌的趋势中,几乎每一个小小的技术性反弹,尤其是前后长达一个星期或更久的反弹,马上就会有人看成是新出现的上涨趋势。事实上,这只不过是整个下跌趋势中一次小小的反弹而已。其实这是个卖出的大好机会!

铜市场就是一个很好的例子。铜价最近出现技术性反弹,涨到76.00(12月期货),造成很多短期交易系统都"掉头"说是上涨趋势出现。事实上,这次反弹的原因在于一些软弱的投机性买盘进场。买盘缩手后,价格没办法维持在高处,又会继续原来的长期下跌趋势。5、6月间德国马克(期货)涨到38.00也是同理,吸引了很多经纪公司的交易者抢着做多。同样,他们的买盘没办法支撑该价位后,继续下跌,而且更为猛烈(见图7-3和7-4)。

这两个市场与近几个月来其他很多市场一样,短期绽显的强势其实不过是持续空头主趋势的技术性反弹(修复)而已。毫无疑问,把眼光放得更长远,包括使用周线图和月线图,减少依赖非常短期的技术性研究，可以帮助投机者避开高买低卖的情况。这种自取其败的交易手法，不但令人沮丧，而且总是亏钱。

图 7-3　1984 年 12 月铜市场

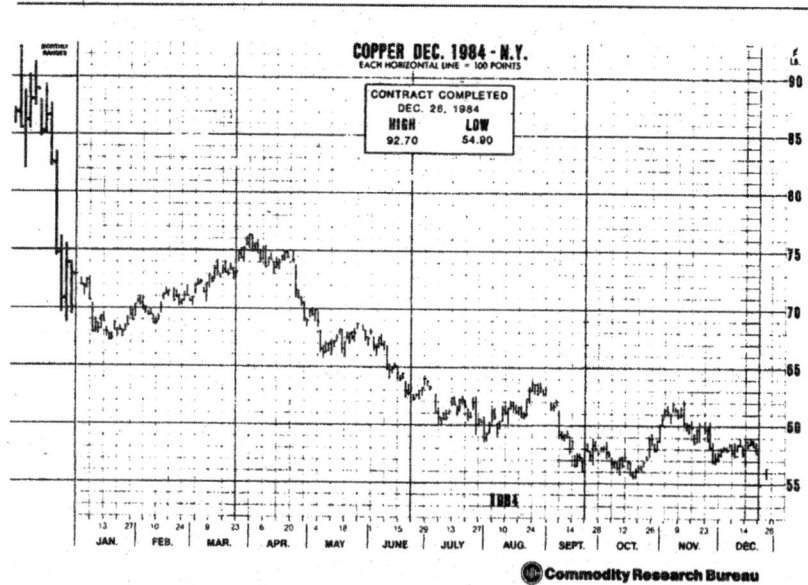

4月初反弹到 76.00，只是长期下跌趋势中的一次中期反弹，主要是经纪公司的投机者在抄底。他们进场买入，又鼓励更多的投机性买盘买入。多头投机者不想错过下一波的铜多头市场。空头当然很乐于趁高抛出。当投机性买盘后继乏力，下跌趋势又开始了，接下来 6 个月价格崩跌到 55.00。

图 7-4 1984 年 9 月德国马克

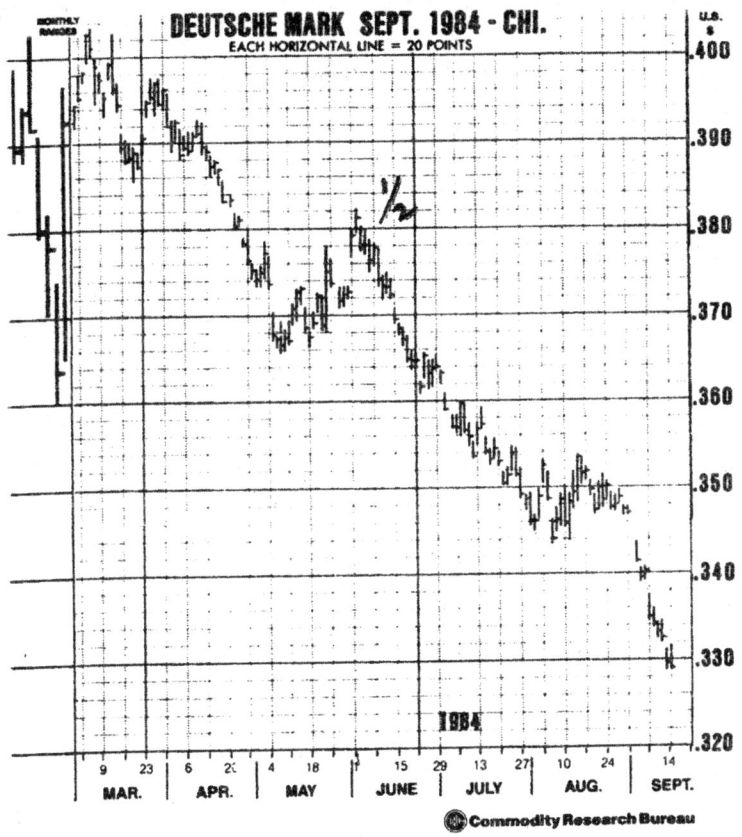

很多投机者以为 5 月—6 月德国马克从 36.00 反弹到 38.20 是趋势由跌翻涨，而且在这个过程中还有经纪公司的大量买盘介入。其实这只是长期（5 年）空头趋势中另一次中期反弹而已。知识经验丰富的技术交易者，认为这是加仓做空的大好良机，尤其是弹向 38.00，接近上一段下跌的 50% 时，更是做空的好机会。他们严守纪律，得到了报偿。投机性买盘枯竭之后，市场崩跌，9 月时跌到 33.00。

这封信十分贴切地说明了既想顺势做长线，又想利用短期甚至分时的技术图形去抓住进出时机和找趋势是有问题的。其实你只要前后一致，相互呼应就可以了。对于顺势做长线投资，应该使用长期的工具——周线图、月线图、季节性资料，还要有一个侧重于长期的良好技术系统。

仓位交易要成功，还必须考虑一个相关的因素，不过这个因素很少被人提起，那就是耐心！在各种必备的人格素质中，耐心和纪律可以说是一对孪生兄弟；在任何严肃的交易场合，耐心和纪律都很重要。谈到这些人格素质，我就想起一件很多年以前的往事。一位刚过而立之年的年轻人借了1万美元，买了3个交易所的会员席位（这里没写错，20世纪60年代末，1万美元可以买到3个会员席位，后来才有修正）。他自己开了一家清算公司。他急于建立声誉，让大家都知道他是很优秀的分析师和经纪人，于是使出忍耐的功夫，决定等到"几乎百分之百"的机会才把客户和朋友的钱投入。

几个月过去了，他只是单线地执行客户的委托，写写技术市场评论，终于这位年轻人找到了机会——他一直苦苦等待的稳赚良机。

那就是糖！他把自己的设想检查了一遍又一遍，尽其所能去研究市场，研究所有的图形，不管是过去还是现在的图形，都反复研究。同时也请教了对糖很熟悉的投资者。他终于满意地认为这就是他正在等待的机会，便开始工作。他通过广告、研讨会和私人拜访宣传他撰写的报告和市场快讯。他坚持一天 12～14 小时的勤奋工作，成果终于展现在眼前。他为自己和客户积累了庞大的仓位，平均价格是 2.00 左右。看仔细些——是 2.00。

这个年轻人算得很精：单是麻袋成本加上人工成本就超过麻袋里糖的价值，以如此低的价格买入，他怎么会亏钱了？

但是他没有想到墨菲定律。他以为市场会涨，但市场却继续下跌……向下一直跌到 1.33 美元！他（也包括我）眼睁睁地看着这种事情发生，而那周追缴保证金的通知更证实了市场崩跌的事实，但我仍觉得这件事不可思议。

在这段小小的崩跌过程中，我输掉了约 1／3 的仓位。但我仍相信市场正处于历史性低点，而且市场被专业空头袭击后，持仓量大为减少。再加上检查了长期和季节性的图形，找到长期趋势的信号后，我对自己更有信心，相信多头趋势终会来到。市场继续横盘整理，我们继续持有仓位。只要不杀出，我们就没亏钱，损失的只是每一个期货合约到期的换期成本。最后，救兵来到，大多头市场于 1969 年降临，并于 1974 年达到 60.00 多美元的高潮，丰厚的利润接踵而至（见图 7-5）。这是多么过瘾的一段旅程！这也是一个绝佳的教训：投机交易必须有耐心，严守纪律，并把眼光放长远。

图 7-5 糖（近月期货）长期月线图

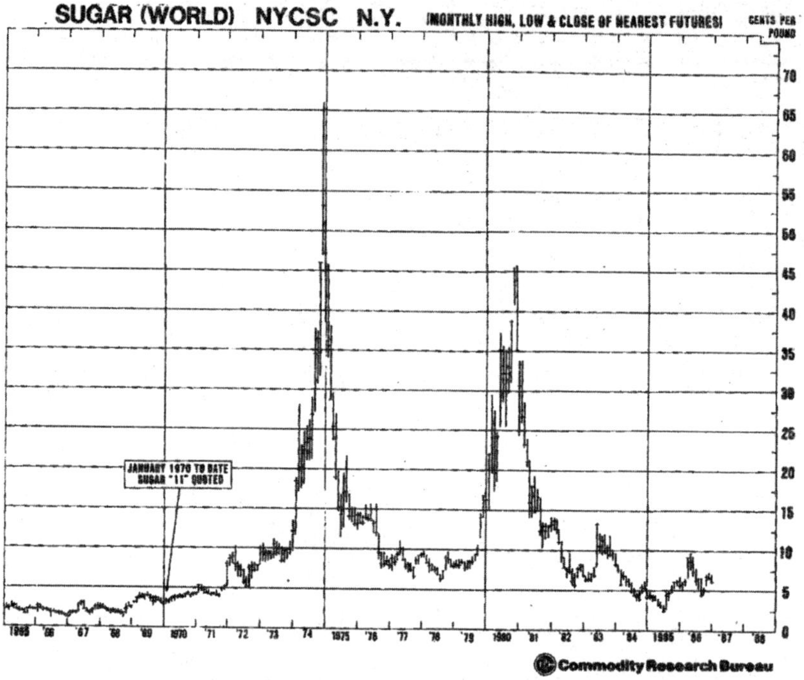

说到耐心！1967年—1968年间，我在大约2.00的价格水平积累了大量的多头仓位，之后糖价立即掉落到1.33。这使我损失了1/3的仓位，我一直持有糖多头仓位为时两年，之后市场突破长期盘整区，开始上涨。一旦趋势形成，多头市场持续了5年，糖价在1974年底涨到60.00多美元的最高价。

| 第二部分 |
价格趋势分析和研判

第8章
趋势是你的朋友

1980年7月底,我刚结束半辈子以来一次的长达5年的暂时退休日子,回到纽约。经过16年在期货市场的冲锋陷阵,我需要换换口味,松弛一下身心,给自己充电。回来没多久,我就开始接到某大经纪公司业务经理寄来的图表和市场快报。我与这个人从来没见过面,也没通过信,我知道我只是他不抱希望的一个潜在客户,我的名字躺在那希望不大的邮件列表中。尽管如此,他还是热情工作,我的信箱里塞满了他寄来的资料和报告。尽管我从来没有鼓励过他,他依然数年如一日,不断寄资料,有时候还会有"特别情况"的报告。

几年转瞬而逝,他换了公司,但我每年还会接到他寄来的一两份报告。这种锲而不舍的精神让人难以置信!1986年春,我在华尔街繁忙的日程安排中发现空档,并且发现自己已经到了那位先生办公大楼的大厅,于是我乘电梯上楼找到他,并作了自我介绍。这件事看起来有点荒诞不经,因为我是经过6年藕断丝连的通信后才跟他见面。客套一番后,他问我要不要成为他的客户。我告诉他,我必须先看过他客户的交易纪录之后(他可以把客户姓名遮起来),才能做决定。他吓了一跳,但还是慨然答应,他的表情给我的感觉是,即使他把交易纪录给我看,我匆匆一瞥也看不出什么所以然。他错了。

其实,我能够从他的交易纪录中看出一些东西——他的表现实在惨不忍睹。我从他的纪录里看到了前面一再说过的"投机者的悲叹",他就是具体而生动的例子。傻瓜都能看出来,这位热心的先生几乎没做对什么事情。从纪录上看,他赚的时候是小赚,亏的时候是大亏,每天忙着抢进抢出,持有仓位的时间十分短暂,而这个人还好意思说他是长线交易者。实际上,他跟我这么多年来见过的其他很多交易者是一样的。他知道交易成功的原则和秘诀,但是在他建立仓位到把利润存进银行之间,好像总会发生一些事情。他一再挂在嘴边的口头禅让我生厌(我必须承认,以前从没听过这种话)。他总是说:"克罗先生,你必须记住:趋势是你的朋友。"我觉得很奇怪,既然他希望趋势能成为我的朋友,为什么趋势不能成为他的朋友?我利用很短暂的时间看了他的纪录,最后得出的结论是:这个人与趋势之间的"友谊"纯属巧合,或

第二部分
价格趋势分析和研判

者说他和趋势根本就没有友谊。

临走前,我请他告诉我当天糖的报价。我经过技术分析后发现,糖的趋势刚由跌翻涨,两年来由12.00跌到3.00,漫长稳固的空头趋势有可能反转。他必须把糖的代码敲进桌上的报价显示器,于是转头问我:"糖的代码是什么?"我说:"我怎么知道你的机器用什么代码?每套报价系统都有它自己的代码。""那好,等我一会儿,我找个人问问。哦,对不起,好像没有人知道糖的代码,大家早就不做糖了。"

就在此刻,我的感觉来了。还没等到我起身离开,走到电梯间,那个感觉就产生了。当然那只是第六感,但是我就是感觉到一个绝对不会错的信息。没错,我看到了糖的底部。我的感觉就好像眼前站着一个留着络腮胡,穿长袍的先知,告诉我一句简单而不可思议的话,"买糖,我的儿子……买糖。"这是我的图表和计算机分析从7月17日以来一直说的话,现在算是最终确认。我不需要那位运气欠佳的业务经理和穿长袍的先知告诉我糖市正酝酿一波重要的多头趋势。当然,这种人也没什么害处。其实,那位先生所表现出来的行为,正好是广大投机大众的集体人气。两年来,这些人一直在抄底,却被打傻了(也没钱了)。毫无疑问,现在大部分人已经停止寻找底部,他们已经怕了,相信糖除了下跌之外,其他事情都不会出现,以至错过了真正的底部(见图8-1)。

图 8-1　1986 年 7 月糖

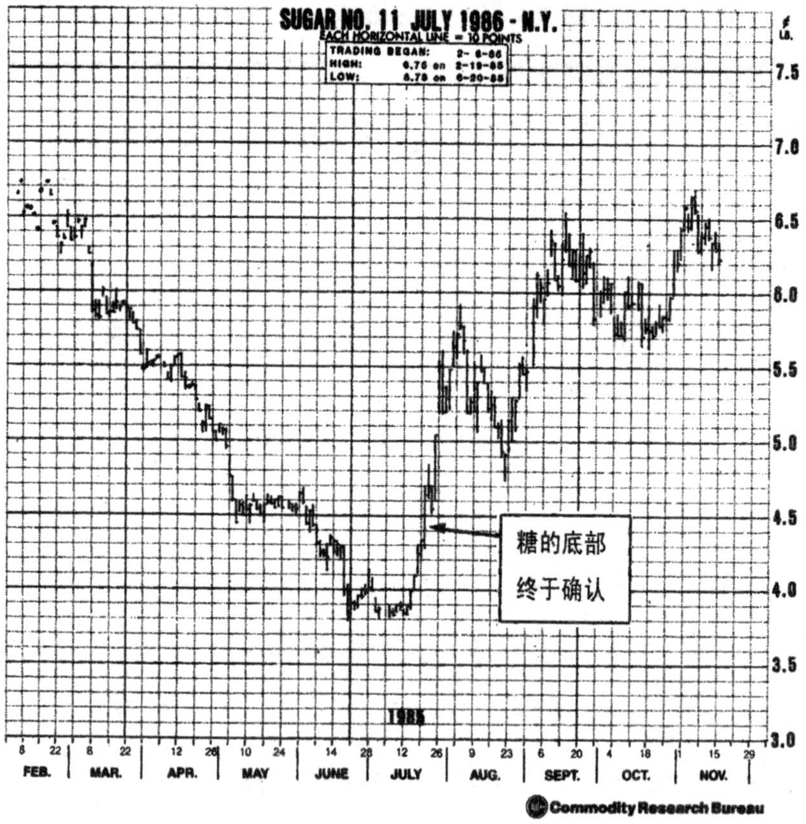

大部分投机者都希望趋势成为他们的朋友，趋势与他们充其量只是泛泛之交而已。7 月中旬糖终于探底，只有很少的投机者抓住了反转点。两年来，在坚稳的空头趋势里，他们试图去找寻底部，结果搞得灰头土脸。因此大家的看法普遍是：这是个没完没了的空头趋势。少数头脑清晰的技术交易者，抓住了反转点，尝尽了甜头。

| 第二部分 |
价格趋势分析和研判

成功的交易者跟绝大多数可怜的交易者不同,在客观的技术指标证实新的趋势确实出现之后才上车,而且就一直待在车上。待多久?要多久才算久?这些问题问得很好,事实上,答案不能用几个星期、几个月或几年来回答。唯一切合实际的答案是:只要趋势继续对自己有利,或者是在要他上车的相同技术指标发出平仓的信号之前,交易者都必须持有仓位,不管是几个星期、几个月,还是几年!

绝对没错!我看过以仓位为导向的成功交易者很有耐心地持有仓位长达两年之久,在此期间不断把快到期的合约换成更远月份的合约。举例来说,1984年7月11日首次出现信号时,很多精明的长线交易者大举做空大豆,而且一直做空到1985年12月6日,前后时间超过17个月,每份合约的利润高达10 550美元。抓住做空点很难吗?17个月后抓住反转点很难吗?没那么难,因为有些计算机趋势跟踪系统正好都在上面所说的两个日子里发出了卖出的反转信号。你可能会说,事情没有那么简单,这里面一定有圈套。你说的没错,是有圈套,但是这些圈套正是交易者必须具备并利用强烈的耐心和纪律去规避的地方,只要市场趋势仍然对自己有利,或在技术系统没有显现反转的信号之前,交易者必须很有耐心和严守纪律,持有仓位。事实上,大多数的经纪公司交易者都在7月11日抓住了做空大豆的机会,不过没多久马上平仓,只赚到蝇头小利(见图8-2)。

图 8-2 大豆（近月期货）长期周线图

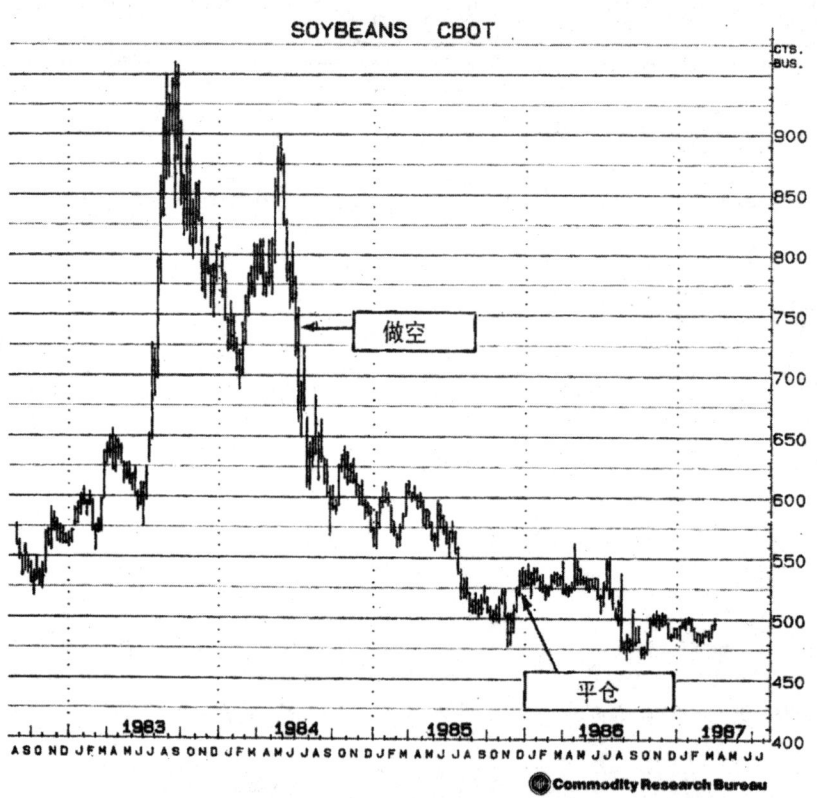

这是个顺势交易的绝佳例子。有些计算机交易程序发出在7月11日做空的信号，而且一直做空到1985年12月17日这一天，才有新的买入信号出现。持有这个空头仓17个月的利润是每份合约超过1万美元。原先做空的人中，只有少数人做空到最后一天，大部分人马上获利了结，错过了真正大空头市场的一大段行情。你不必天资聪慧才能从头赚到尾，只要有耐心和严守纪律就

第二部分
价格趋势分析和研判

可以了。

阻碍长线交易成功的最主要原因在很大程度上是觉得单调乏味和失去纪律。只要交易者学会很有耐心地坐拥赢利、顺势的仓位，他就有赚大钱的潜力。很遗憾，一般投机者只在持有逆势的（亏钱）仓位时，才最有可能展现耐心和坐而不动的功夫，当然他们也要为此付出高昂的代价。其实他们应该壮士断腕，果断平掉亏钱的仓位，减少损失。

我第一次尝到这个教训（我们总是一直在学这个教训：我们在市场里面玩得越久，尝到的次数就越多）是1960年，我当时很年轻，刚进美林公司，公司派我到芝加哥培训。那时候我们整天都要待在芝加哥期货交易所的营业厅内，有时我会"不经意"地离开其他学员，跟在朱利·迈尔的屁股后面跑。后来我才知道，迈尔先生是当时公认的芝加哥谷物交易的元老，在芝加哥和欧洲有50多年的经验。这一次和以后几次到芝加哥，我从迈尔身上学到很多东西。但是我记忆最深的一件事是他告诉我：不管实际或我们所认为的基本面如何，商品价格通常会往阻力最小的一个方向移动。不论是理论上还是应用上，只要真正想通过期货交易赚大钱的人，都必须彻底了解这个简单的观念。这个观念的确十分简单，尤其是跟复杂的计算机实时交易系统普及而出现的很多技术分析相比，这个观念更显简单。

所以，迈尔先生根据半个多世纪的亲身体验和市场观察，发现到我前面所说的那个现象，也就是商品价格总是往阻力最小的一个方向前进。事实上，这也许不算是什么特别深刻的观察。学电子的人都知道，电流总是往阻力最小的方向行进，学工程的人都知道，水总是往阻力最小的方向流（你见过不借助外力，水能够自己往上流的吗？）。如果你曾经在上下班高峰时间赶乘纽约的地铁，应该也会发现人群也是往阻力最小的方向移动。迈尔先生这句短话的意思是：商品价格往往会朝支配性力量所引导的方向前进，譬如，如果买盘多于卖盘，价格就会上涨；卖盘多于买盘，价格就会下跌。任何时段内，这句话都正确，不管那是非常短的时间，还是中期到长期。具体来说，一旦某个主趋势形成，它就会自己积累能量，根据自己的能量加速或减速。比如在大多头趋势中，不管空头交易者是从技术分析看出市场真正的趋势，还是从空头仓的追缴保证金通知书中明白的，总之他们都要赶快平仓，重新建立多头仓。换仓的结果就是造成市场中的卖单减少，也就是说多头市场的能量增加。价格会沿着阻力最小的途径移动——也就是上涨。同样，在大空头市场中，价格下跌时也会积累能量。多头交易者即使心不甘情不愿，最终还是要平掉亏钱的仓位，甚至还得做空。这样就为空头市场积累了能量。在大空头市场，当多头持有岌岌可危仓位的时间拖得越久，空头对他们的惩罚越狠，跌势就会越猛，跌幅也会越深。多头的悲惨下场是不可避免的。专业交易者明白这个道理，他们期待这样的机会，当多头疲惫不堪时，或者他们发现多头的卖出止损点更低时，他们就会无情地

| 第二部分 |
价格趋势分析和研判

发动攻击。

接下来很明显的问题是，投机者如何衡量任一时点买盘和卖盘下面的能量？如何找到线索，如何发现阻力最小的方向？这可能是价值6400万美元的趋势分析问题——技术交易者的圣杯。到目前为止，这方面最好的作品也许是威尔德出版的《技术交易系统新概念》。无论在理论上还是实践上，他十分清楚地阐述了"方向性移动"和"相对强势"的观念，而且有一堆图表和实际的例子配合解释。技术导向的交易者如果想从理论上和实践上研究这个难以捉摸但十分重要的市场动态概念，《技术交易系统新概念》是最好的入门书。

几乎每个投机者或早或晚都想过这个问题，那就是成功的交易大户何以能够建立庞大的仓位(数百份合约或更多)，最后大赚一笔。与此同时，绝大多数的投机者都只持有很小的仓位，而且总是买错卖错，付出了高昂的代价。两者最显著的差别(这一点值得我们好好想一想)在于，有经验的成功交易者总是能够研判出市场什么时候有趋势(适于建立顺势而为的仓位)，什么时候是横盘整理(最好缩手观望，或者逆势交易，短线进出)。

我正好有这方面的经验：在两次不同的场合中，我持有约350份铜期货合约和200万蒲式耳小麦。很多时候，由于我持有的仓位(虽然是逆势仓位)很小，亏损的金额还是比其他仓位小得多。看出来了吗？当你所建立的仓位正好是顺势的，而且坐拥利润，不管仓位多大，都不嫌大；相反如果你持有的是亏损，风雨飘摇中的逆势仓位，那么不管它们多小，都嫌太多。当然，持有较大顺势仓位的交易者还是要与多次发生的技术性反转搏斗。不过这是预料中的事，不足为奇，他应该有足够的财力和定力渡过这些危机动荡的时刻。

如果趋势确实是你的朋友，那你为什么要逆势交易呢？我们不妨想想：逆势交易等于迎头面对一辆加速驶来的列车！所以下一次你在考虑建立某个仓位时或本来就有某个仓位，不知道是该平掉还是加仓交易时，不妨换个实际生活中的角度来想：顺势＝你的朋友；逆势＝迎头面对一辆加速驶来的列车！你会怎么选择？

| 第二部分 |
价格趋势分析和研判

第9章
为什么投机者（几乎）总是做多？

从电话里听到的事情几乎令人难以置信。电话的另一端是南达科他州的一位先生，我们所谈的是长期交易系统的事情。他抱怨自己1985年在芝加哥谷物市场接连惨遭上下洗盘。"我当然希望1986年谷物市场有一些好的趋势出现，"他接着说，"因为我已经受够了这个疯狂但没趋势的市场。"疯狂但没有趋势的市场，我口中喃喃念着，他怎么好意思说出这种话？

1985年几乎一整年，谷物市场一路跌个不停。玉米从4月的2.85美元跌到9月的2.20美元。小麦从3月的3.60美元跌到7月的2.75美元，那相当于每份合约4250美元。最后是让芝加哥豆类观察家们吃惊的大豆，大豆的价格几乎是从1984年6月就开始节节下滑，没有停过（见图9-1）。事实上，有些精明的系统交易者，在1984年6月11日下午就注意到十分清楚的卖出信号，因为做空大豆，可坐收 1.2 万美元的未平仓利润 (每份合约)。到了 1985 年 12 月 16 日最终平仓出场时，利润是 1.05 万美元。

图 9-1　大豆 (近月期货) 长期周线图

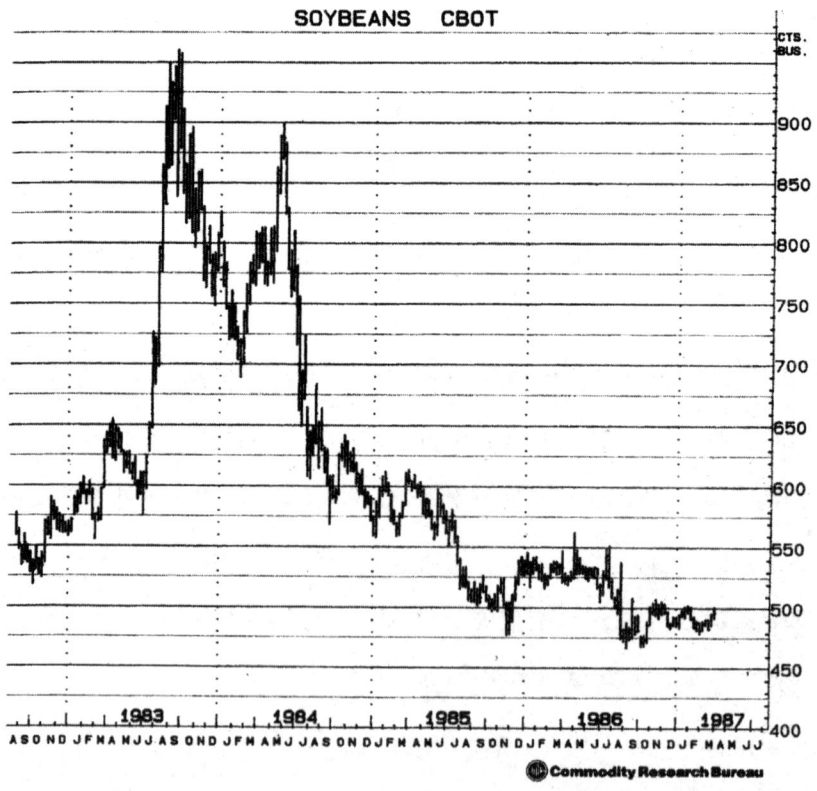

1984 年年中，大豆在 9.00 处反弹失败后，就一直处于大空头市场。你能想象竟然有交易者说 1985 年的市场根本没有趋势？它就跟你看过的所有典型的下跌趋势完全一样。精明的仓位交易者，在明显的空头市场中，一定会做空，并赚到很多的利润。

第二部分
价格趋势分析和研判

南达科他州的那位先生真正的意思，也许他根本不知道，是希望谷物市场上涨，同时引导他的信心上升，便于他做多赚钱。

你是否注意到一般交易者说某市场"不错"时，其实他的意思是市场上涨，而他也正好做多。当他说市场"很糟"时，其实他的意思是市场下跌，而他正好不幸做多。似乎不管市场趋势如何，反正他就是做多。但是在明眼人都知道的空头市场里，他却牢牢地被套在亏钱的仓位里。

我想，人的天性总是希望见到价格或价值节节高升，而不是一路下滑。第二次世界大战结束以后，全球经济中通货膨胀一直顽固且稳步上涨，即使在20世纪80年代末明显减慢步伐，物价还是在上涨。我们一直被政治家和媒体所骗，以为无论对整个经济还是对个人来说，通货膨胀都是件很健康而且很好的事情。毕竟，谁愿意今年赚的钱比去年少？谁愿意自己的房子、财产、企业今年的价值不如去年？如果有人想从价格或经济价值下跌的情况下大捞一笔，可能会被人骂为大逆不道，甚至说他根本不是美国人。

暂且不谈政治和经济，不可否认的事实是：市场确实有一半左右的时间是在下跌，而且"下跌比上涨更快"。有经验和成功的交易者都知道，下跌的市场比上涨的市场赚钱更稳更快。

一般投机者要抓住显著的下跌趋势，而且要能在一定程度上牢牢抓住，一个重大的障碍是他对任何市场天生就有一种看多的心理，他的经纪人可能也是这样。即使趋势是很明显的下跌，很多投机者还是固执地希望价格最终会反弹，或者更明确地说，他们以为自己能够抓住反转点大赚一笔。这种投机方式代价很大，过去是，未来也是。

立志有所成就的投机者，不应该有这种主观和一厢情愿的想法，而应该运用客观和可行的方法去交易。这种方法可以是他自己创造的，也可以是他订购的服务或市场报告，或者是目前市场上出售的计算机交易系统。但是，有了可行的方法或系统之后，并不能保证财源就会自动滚滚而来——使用的时候，应该按照它原来的目的去用，前后一致，而且要严守纪律。这意味着，你要执行你的方法或系统发出的所有信号，而不是只看到"买入"的信号，或是证实自己的个人偏见没错的信号，才去照做。

我曾写过一篇文章，讨论即使市场是明显的空头，交易者却偏爱做多的现象。很多人写信告诉我，这种特殊的市场偏好主要是投机大众所采用的方法，有经验的交易者也会下注做空，并采用务实的态度去处理。

很难证实以上的两种观点。你能用什么办法让一群专业交易者或分析师透露他们真正的市场仓位？不过，《华尔街日报》每半年调查一次20位知名商品专家的意见，我们每年有两次机会了解真实情况。专家会对未来半年内的商品给出买入和卖出的建议：第一个选择给3分，第二个选择给2分，第三个选择给1分。

第二部分
价格趋势分析和研判

买入外汇	20分
买入国债	15分
买入股指期货	15分
卖出燃料油	12分
买入大豆	10分
买入白银	7分
买入活猪	5分
卖出大豆	5分

这个结果一目了然：8位专家有6位建议买入，而无视期货市场已普遍形成一个大头部，即将在未来两年多的时间里一路下跌。事实上，8个建议中只有两个后来能够赚到钱，它们是哪两个你先猜猜？评分最低的两个：买入活猪和卖出大豆。如果你把1984年上半年8个"最好的投资"依序列出它们的实际表现，结论会让你吃惊。以下计算出来的数字是在每个市场以一份合约为准得到的：

			盈利	亏损
买入	9月	德国马克		1000
买入	9月	瑞士法郎		4000
买入	9月	日元		1562
买入	9月	国债		2587
买入	9月	标准普尔指数期货		8875

卖出	8月	燃料油		1029
买入	8月	大豆		2650
买入	9月	白银		3250
买入	8月	活猪	981	
卖出	8月	大豆	2650	
			3631	25053

这里我并不是说有些人会把所有的钱输光。下跌趋势跌到一定点位，交易者有可能已经平掉一些亏钱的仓位，甚至转而做空。不过，从上面那份总结表里，我们可以看到无论是在哪个市场，无论交易者过去的经验或心思缜密的程度如何，买入的建议确实是多于卖出的建议。证券公司发表的选股建议也可以看到相同的现象：买入建议与卖出建议的比例是9∶1！

从摘要表的结果也可以看出，要预测期货价格十分困难（不可能？）。不过，尽管专家所做的预测也有正确的时候，但如果你有心把他们所做的预测记录下来，你就发现他们的正确率还是远远低于50%。由此就是另一个不言而喻的真理，合理的止损是必要的保障，以免可以接受的小损失演变成一发不可收拾的财务大灾难。

在我的记忆里，最长的空头秀应该是1978年~1985年的外汇跌势（美元的多头市场）：瑞士法郎从69.00跌到35.00，德国马克从58.00跌到29.00，英镑从2.40跌到1.05左右。虽然有这么长时间的空头市场，我们却不断见到有人抄底，专业交易者和经纪公司的投机者一直在追逐一个大奖——强势美元的趋势反转。在这7年时间里，全世界密切注意和等待外汇见底的交易者人数，可能比关注其他任何品种的人数都要多。交易者当时和后来在类似情况下必须面对的关键问题如下：

1. 在这7年空头市场的不同时间，外汇市场是否由下而上形成显著的反转？

2. 交易者如何参与这种反转，同时保持合理的止损保护，以免反转信号错误（确实曾经发生过）和市场的继续下跌？

3. 假设交易者已经转而做多，而且因止损而平仓，那么他要怎样回到空方阵营，继续在空头市场中玩下去？

我经常提到，长期的大趋势，尤其是下跌趋势，不会很快反转。它们常常会维持一段令人难以忍受的时间，伴随无数的假信号，造成很多交易者惨遭洗盘出场。但是，我们还是能够找到合乎逻辑的方式，使得运气稍微对你有利。你一定要避免去抓头部和底部，因为那充其量是种主观和没有根据的进出方式。此外，这种做法很少能够成功。还有，你必须有足够耐心，严守纪律，等候你的技术指标或系统告诉你已发生反转，在这个时候才跳上新出现的趋势。如果你的指标带着你走向另一个方向，也应该用合理的止损保护你建立的新仓位。万一反转是虚假的，无法维持，反转止损也能把你带回持续进行中的趋势。

就上面提到的长达7年的外汇空头市场而言，只要市场继续在一个宽广连续的区间内下滑，也就是这个区间内一个高点比一个高点低，一底比一底低。那我们就要十分小心谨慎，避免去抄底。我们找不到合乎逻辑的方式提出强而有力的论点，去预测并下很大的赌注在市场的反转点上。一些过于急切的交易者一直想这么做，多年来都徒劳无功。相反，我们要按下面所述的方式去面对市场：在市场可能筑底(或者由空翻多)的每一点，我们会找出相对的个别压力点。每一个外汇市场收盘价都必须站上这些点，才能在我们的分析中合乎趋势已反转的论调。我们有很多千钧一发或"差一点"的时刻，但是你从瑞士法郎长期趋势图(图9-2)可以看出趋势明显向下。1985年上半年，市场在34.00左右触底以前，没有一次反弹的高点能够超越上一次反弹的高点。我们所用的一个长期交易系统，在1985年3月12日发出了初步的买入信号，同年6月13日发出了后续的买入信号。当价格从34.00反弹到41.00之后，接下来出现50%的回调跌到37.00，我们的技术顾问确认可以买入了。以38.05的收盘价为买点(基于长期周线图)。我们等着在回调结束和反弹恢复时进场买入。

图 9-2 瑞士法郎（近月期货）长期月线图

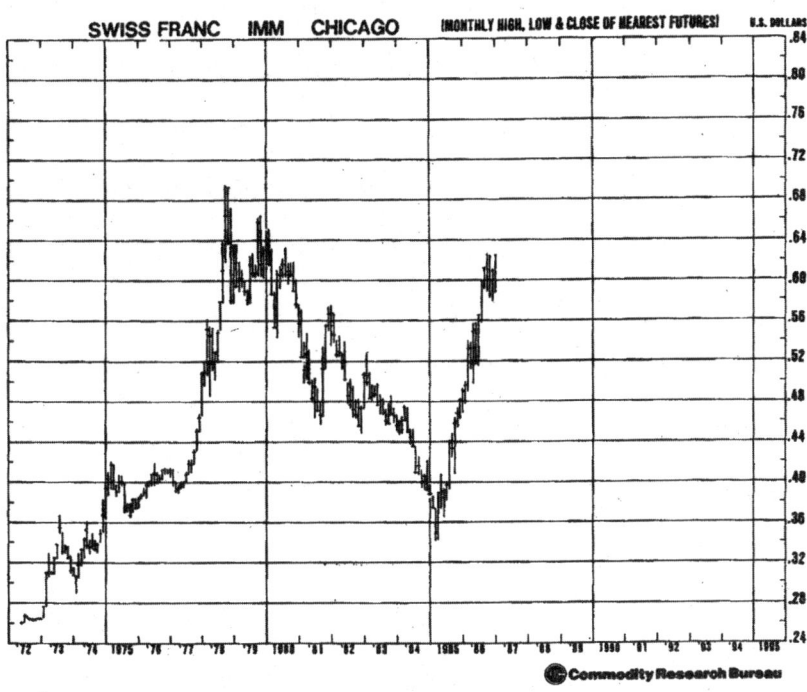

这是个典型的过山车式的长期市场趋势。1978 年底，瑞士法郎在 69.00 左右做头反转，1985 年上半年以前，一直处在大空头趋势中。大部分投机者不顾市场趋势，执意做多，这 7 年的空头市场几乎是一场浩劫。1985 年年中，趋势反转向上，大多数的投机者错过了这次反转。无论在感情上还是财力上，他们都已经筋疲力尽。他们在过去几年紧抱亏钱的多头仓，已经无力与市场战斗。但是在这段时间内，很多公共商品基金，因做空外汇而获得了可观的利润。

预估趋势会反转并建立新仓位之后，有必要用合理的止损来保护新的仓位。那什么才叫做合理？这要看交易者个人可以忍受多大程度的"痛苦"而定。在我的书中，可以设定为保证金的50%～100%，换算成金额也就是600～1500美元。很明显，你愿意冒多大的风险，与你预算获胜的概率多大有关系。所以，如果你是个长线交易者，一向能从赚钱的长线交易中赚到成千上万美元，你显然就可以比那些时进时出的人承受更大的风险。

我们都见过太多逆势交易的例子。同样的，无数人硬要在趋势明显的市场中抓头部和底部，输掉的钱与他可以合理预期赚到的钱根本不成比例——每份合约亏1.5万美元或更多。而且，你可以想象，一旦亏掉那么多，当市场发出下一个趋势的信号时，这是真实的信号，亏损严重的人也不会有太大的兴趣。但是如果不是每手输掉几千美元，而是不到1000美元，情况又会怎样？他可以耐心地等待系统或其他技术方法发出的信号。他可以在新的仓位再拿1000美元去冒险。假设他的系统或技术方法是可行的，那么他迟早会在自己的仓位上赚大钱，而不必计较以前亏损的小钱。

有一首古老的童谣唱道："在战场上能打也能逃的人，有机会再上战场。"我愿为投机者改成："交易不当而及时离场的人，总有一天还能再进场（并赚钱）。"

你是否算过自己的投资组合中长线和短线的比例，以及市场实际趋势的长短期波动比例？我算过，结果很耐人寻味。1985年5

月，我打电话给几位同事，请他们告诉我：他们以及他们的客户在市场上所持仓位的情况。我也打电话给很多海外交易者和基金经理人。

令人惊讶的是，每个人都愿意坦白地告诉我所建仓位的详情。但一点也不让我惊讶的是，在特殊的空头环境中，大势明显强烈下跌时，几乎所有非专业交易者和太多的专业交易者都一边倒地做多。那时候，我做过的趋势分析显示以下事实：

1. 上升趋势：咖啡豆、燃料油和豆油；

2. 下跌趋势：铜、德国马克、黄金、原木、豆粉、英镑、糖、瑞士法郎、国债和日元；

3. 横盘整理：玉米、燕麦、铂、标准普尔指数期货、白银、大豆、国库券和小麦（新货）。

简单总结下就可以发现，在 21 个市场中，上涨趋势占 14%，下跌趋势占 48%，横盘整理占 38%。在这种情况下，几乎不是交易者一味做多的时候。事实上，在这种情况下，缜密的市场策略应该是，在投资组合中做多的部分不宜超过 15%~25%。

但是，这个合乎逻辑的市场策略一定要伴随耐心，让你顺势交易的仓位能够充分成长，完全配合整个趋势的动向。优秀的交易者之所以能赚大钱，就是因为他们能够很耐心地持有顺势而为的仓位。但耐心显然是一把双刃剑。很耐心地持有逆势亏钱的仓位，就相当于买了一张非大亏不可的门票。这个真理，几乎每个交易者都可以证明。

说到市场趋势，我想到了1984年在日内瓦发生的一件事。那时，我与一个在银行界做事的朋友讨论策略问题，我问他对于某个很有名的"金甲虫"有什么看法。这个"金甲虫"几年来一直固执地预测美国的超级通货膨胀迫在眉睫，黄金价格会大涨到每盎司1000美元。

这位金甲虫的资历很显赫，但他的市场灵敏度不够，因为实际市场的事件和趋势完全与他的说法背道而驰。我的银行家朋友很快思考了这个问题，说："看看壁炉上的那只表，坏了很多年了，但每天总有两次它的时间是对的。"这个教训十分清楚：绝不要让自己套牢在一个与实际市场的趋势不合的意见或仓位上。你必须相信和适应实际市场中主趋势正在真实发生的事情。忽视这些主趋势，你的金融风险就在眼前。

第三部分
交易时机

市场价格一定会波动，并且在每次波动后，分析师和评论家们也一定会等在那里，对市场刚发生的事情提供完美的解释。

| 第三部分 |
交易时机

第 10 章
三个最重要的投机素质：纪律、纪律，还是纪律

1983 年 3 月 23 日星期三，我前一个晚上没睡好，比平时起得早，8 点 30 分以前就到了办公室，在报价屏幕、各种各样的图表和研究报告前坐下。离芝加哥谷物市场开盘还有整整两个小时，但我已经感觉到了市场上涨的兴奋。接了一通让我暂时分心的电话后，我又重新检查了一下大豆市场的趋势和上午我所要采取的策略。

前一个交易日 5 月大豆以 6.11 收盘，我在卡片上面做了市场分析，我是这样写的，"如果 5 月大豆收盘能够站上 6.23 或开盘能够跳空到 6.23，大豆市场的趋势就会向上。收盘或跳空开盘到这个水准之上时，我会买入。在这种有力的突破之后，价格会飙涨。"

过去几天的趋势告诉我，等待已久的多头市场突破即将到来，

我马上拨电话给我在芝加哥期货交易所场内的人,也证实了场内预期开盘价会大幅上涨。我非得采取行动不可!我挂进了开盘时的买单,往后一躺,深深吸了一口气,等着眼前的绿色屏幕跳出第一根线。(见图10-1)。

图10-1 1983年5月大豆

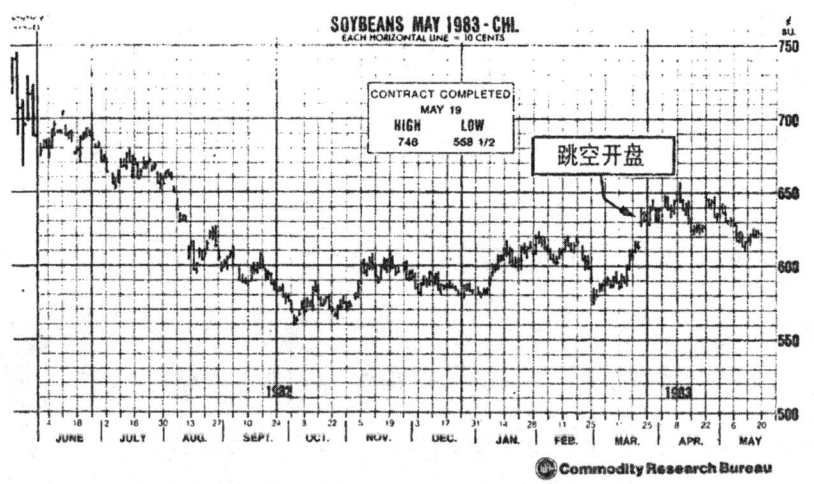

3月23日早上,开盘涨势强劲,跳空突破6.23的阻力点。强力突破之后,3个月内价格回调,一度拉回到前一个涨幅的50%左右。短暂的回调证明是空头最后的机会;市场接着发动了惊人的上涨。3个月后,1983年的这次多头趋势是芝加哥最大的新闻。市价涨了3.75美元,每份合约赚1.8万美元。老兄,这可不是个小数啊!

| 第三部分 |
交易时机

我在开盘时的这个绝招——在开盘显著的突破缺口建立仓位或加仓交易——是我多年来一直偏爱的战术。这一招有风险，但对积极型的交易者来说也有潜在的价值。如果跳空开盘的方向和主趋势一致，我就支持这种操作。作为备用战术，如果宽幅的横盘整理有了明显的突破，就会出现相对于主趋势的反转或是主趋势的延续。跳空开盘如果明显与行进中的主趋势相反，我在买入或卖出时会十分小心谨慎，因为这些缺口往往是场内交易者故意做的"陷阱"，引诱经纪公司投机者建立错误的仓位。这种激进的反趋势跳空缺口看起来诱人，不过最好是留给经验丰富的专业交易者去做，因为如果所做的交易突然变坏，他们有本事快速离场。

5月大豆以6.265开盘，倒霉的空头被屠杀。在我等待交易报告的时候，心思不禁飘回到10年前，当时我是第一次看见在突破缺口进场的操作方式。教我突破缺口交易方法的导师是迈克·格林，他是纽约商品交易所里精明大胆的场内交易者。当时是20世纪70年代初，我作为纽约商品交易所的新会员，经常进入交易所场内研究交易行为。我总是瞪大双眼，看着迈克·格林挤在做铜期货的人群当中，身体和声音扭曲到极点，在开盘时买入……50手……100手……150手。那是个多头市场，迈克很清楚。他看起来就像是个大师，很有耐心地等候他那经过千锤百炼的直觉告诉他，每一次的回调气数殆尽，基本的多头趋势就要再次展示雄风。这时，只有在这时，他才会一跃而起"买50手……买100手……

买150手。"

知道何时不要交易，很有耐心地等候在一边，直到正确的时候才进场。这是交易者所面对的最艰难的挑战之一。但是如果你想进入赢家的行列，这一点非常重要。曾经有过无数的日子，我内心的冲动强烈到要逼我多做一点，使我不得不想想办法，阻止自己下单。我的办法有以下几种：

1. 把利弗莫尔的名言贴在下单专用的电话上面："钱是坐着赚来的，不是靠交易赚来的。"

2. 在我的桌子上放一本航海杂志（通常这就足够让我的大脑不再去想一些不必要的交易）。

3. 在实在无法忍耐时，暂时离开办公室，到外面走一走，或者跟曼哈斯湾里的比目鱼、海豚或其他鱼类竞逐一下。

曾有好多次（次数比我敢承认的还多），我都太早地平掉全部或部分的赚钱仓位，有些时候，则是完全错过某个行情，只好眼睁睁地在外面看着别人大玩特玩，等待下一次的回调再进场。我曾经花了一个多月的时间偷偷关注铜和白银的趋势，（上班的时间）不做任何事情，结果因为吃零食而胖了8磅，最后才在一次小回调中重新进场。虽然如此，简单的真理依然是：成功的交易者永远严守纪律，在场外保持客观的态度，直到他能往主趋势行进的方向进场为止。即使在那时，你还是要小心翼翼，不要陷入

| 第三部分 |
交易时机

毫无章法的市场里，因为有些没经验的投机者，可能莫名其妙地下了一张大单子造成市场变化。即使你是朝趋势行进的方向交易，在不可避免的价格回调（反弹）期间，你更要严守纪律和发挥耐心。回调（反弹）是场内交易者和商业公司造成的，目的在于洗出心志不坚的持有者，以便给自己创造更多的财富。

期货交易总是会给大部分投机者造成很悲惨的命运，这是件非常遗憾的事情。大体来说，交易者的表现应该会比账面上显示的要好才是。他们的表现不佳，主要原因在于缺乏纪律，而这不可避免地会造成信心不足。讲到这一点，我就想起跟圣地亚哥的F博士在电话里交流的往事。F博士说，他建了一个国债多头仓，问我接下来该怎么做。我知道他从好几个星期前就从很低的价位开始一直做多，所以那个仓位已经有很高的账面利润。我反问他："喂，为什么要我告诉你该怎么处理你的仓位？你老兄已经够聪明的了，要不然怎么会在这波多头趋势开始发动的时候就上了车，而且一直持有到今天都没放手？只要依照你原来相同的直觉或同样的技巧去做，应该没问题。更何况，我错过了这一波多头市场，等到大涨突破后，我一直在等回调40%或50%，却都没等到，之后就没上过车。"

事实上，F博士近几个星期以来一直被财经报刊上相互矛盾的消息搞得心神不宁。我把他目前的症状诊断为患了ALOSC症（极度缺乏自信症）。经过短暂的交流，给他打了气，开了药方，让他休息几天，再回到画图板对市场做个客观的分析，而且一定要严守纪律，遵守顺势而为的交易策略。

由于缺乏纪律导致利润单薄的，不仅仅是那些经纪公司的投机者和专业交易者。近30年来，我观察到一个非常反常的现象：商品生产商的市场判断总是与商品的最终价格趋势不符。生产商总是比市场所允许的要乐观。1983年夏，我跟中西部很多玉米农场主谈过。这些农场主的收成展望十分悲观——种植面积缩小，收成率降低，作物发育不全。谁能比这些实际种植玉米的人更了解收成的状况呢？所有这些，不正是大利好消息吗？显然我们这些投机者逮到了大好机会，可以趁即将来临的作物灾难大赚一笔。但是，有件很有趣的事情发生了，市场反而下跌了60美分，不仅仅是做多的投机者，中西部的农场主也很吃惊。因为在做多玉米市场而惨遭杀戮的投机者中，很多人正是中西部的农场主。

其实，商品生产商，尤其是农作物的生产者，对于自己的市场持过分看多的态度，似乎已是个通病，其原因在于，他们栽种地区的作物生长或气候状况、当地政治人士对明天会更好的看法或者纯属一厢情愿的想法，都过分偏向乐观。遗憾的是，等到农作物最后收成的时节，严重的避险卖压出现，这些看多的期望往往转差，价格便掉头向下。

有时，普遍性的多头期望会使所有生产商产生如痴如醉的想法。如果预期中的价格涨势实际上不但没有出现，而且节节下跌，生产商便会面临灾难性的打击。讲到这里，我们就想起20世纪70年代中期缅因州的土豆市场，我们从中得到一个客观的教训：不论

| 第三部分 |
交易时机

是投机性交易还是避险交易，进出任何市场都要严守纪律。那时，纽约商业交易所里的缅因州土豆投机性交易简直到了无法无天、漫无节制的地步。保证金很低（你可以用低到200美元甚至更少的钱交易一份合约），甚至交易所的会员费也很低（我用约1800美元的价格就买到纽约商业交易所的会员资格）。在这种环境下，有经验的农场主、银行家和经纪商创造了一个很令人惊讶的策略，并给它取了一个特别的名称——得克萨斯避险。

财经专业的大学生都知道，银行提供融资给农场主之前，会要求全部农作物或至少一大部分的农作物必须做防止损失的避险。缅因州的农场主就这么做了——他们在交易所里买入大量的4月和5月的土豆期货，用以对冲自己农作物的风险。"买"期货？等一会儿，这听起来似乎不太对劲。如果他们做多地里的农作物，那么他们不是该"卖"期货来避险吗？没错，他们应该卖。（完了！）

想想看，竟有那么多种植土豆的农场主买期货来对冲风险。这也能叫避险吗？当然，经纪公司的专家们也买入并且在多头仓上加仓交易，想在预期到来的多头市场大捞一笔，发点横财。每份期货合约只要有买方，就必然有卖方。那么，既然该卖期货的人都买了期货，那么谁会笨得去卖并大量做空呢？他们是那些有钱又有经验的贸易公司和专业交易者，就是他们。

结果可想而知。我们不妨想象一下，一艘轮船本来就超载了，一开始就显得很不稳定，突然间所有乘客都挤到船的同一边

("卖"出时)，自然就会翻船。土豆市场的情况就是这个样子，"扑通"落水声之后，那些人身上不是海水，而是背了一身的赤字！商业银行和大农场主吸取了这个教训，他们此后懂得对冲风险必须遵守严格和客观的纪律。

如果交易者手头上有两个仓位，为了保卫逆势的亏钱仓位，而平掉顺势的赚钱仓位，其结果也是可想而知的。不过这里我想多说一点。不久前，K打电话给我，问我对木材有什么看法，我回答说："木材嘛，是种非常好的建材，可以盖房子、造船、做家具……甚至可以切成漂亮的小玩具和动物形状。"

K想知道的当然不是这些。我对木材市场有什么看法？他那笔现有9万美元损失的庞大多头仓该如何处理(没错，是做多，而且当然是逆势交易的)？我告诉他，每当我想到要做木材之前，我都会先找个舒适的地方躺下来，直到感觉过了再说。这个市场人气太淡，不是我喜欢的那一种，而且它的趋势似乎总是不牢靠，容易受到扭曲，波动太激烈。简而言之，我认为木材市场不做也罢。事实上，我对木材的态度应该不会让他吃惊。我给过他同样的劝告，但他充耳不闻，最后竟然套牢在逆势的亏钱仓位中。讲到这里，K懊悔不已，坦承他刚卖掉11月大豆：他在11月大豆上面顺势交易，利润很不错，但是为了保护亏钱的木材合约(缴纳保证金)，不得不脱手。我给K的忠告很直截了当——平掉木材，买回大豆。

他的反应不出所料，木材的亏损现在已经太大了，他要等到

| 第三部分 |
交易时机

强劲反弹才平掉。"我怎能现在以这种价格平掉木材?"他一再重复。"很简单,"我说,"你只要拿起电话打给你的经纪人,告诉他用市价平掉所有的木材仓位,就这么办。"

不幸的是,K根本不理会我的忠告,还是持有木材仓。我的忠告并不是基于什么了不起的市场洞察力,而是根据经过反复验证的投资名言:有利润的仓位要持有,亏损的仓位要平掉。在那次电话后的3个月内,木材价格又跌了27.00美元,被他平掉的大豆价格涨了1.60美元。如果K平掉原木,买回大豆,原来的损失可以捞回,而不必在原来的9万美元损失上再产生更多的损失。

人性和一般的商业本能,可能是我们在商品交易游戏中最难缠的敌人。为什么投机者总是在上涨趋势的市场中见反弹就卖,在下跌趋势中见跌就买,而不顾这种做法已经屡次给他们造成损失?上面所说的那通电话过后不久,我注意到11月大豆在一段价格上扬的期间过后,出现了我从未见过的惊人趋势。开盘时以涨停9.35报出,几个小时内,跌了约55美分,跌到8.80,相当于每份合约下跌2750美元。事实上,在整个交易日内,市价来回相差40~60美分,有时在很短的时间内报价会以3~5美分的速度递增,盘中来回振荡。硝烟过后,当天的收盘价涨了20美分,给投机者造成的损失高达数千万美元。价格怎会如此诡异地振荡?事后分析发现,原来有多到超乎寻常的经纪公司投机者大玩找头部的游戏,想在市场崩溃前,在准确的时点做空。事实上,在期货交易史上,很多"聪明"的交易者,在错误的头部和底部一头扎进市场，尸骨无存。他们逢高就卖，见低就买，理由很简单，因为他们没有耐心，做分析的时候缺乏理性，而且市场涨跌太多太快。还有些交易者一头扎进逆势快速移动的趋势中，原因是他太早平掉顺势而为的仓位，现在在场外见到市场仍持续原来的趋势，心有不甘，想从反向交易中赚回一些钱，给自己找台阶下。

遗憾的是，我本人也是这方面的"专家"。在我各种不可宽恕的交易中，找大豆期货的头部最为突出。因此，每当我听到有人讨论如何合理建仓时，他们会问："我能承受多少亏损呢？"我的回答是："找一个数字，写个很大的数字，这就是你愿意亏损的数字。"

事实上，这个游戏发生在20世纪70年代初，但我记忆犹新。那是一般投机者所犯的错误之一。1972年，在市场狂热的时候，我"逮"到大豆市场两次机会。首先，我在10.30左右买入豆油，几个星期后在11.30卖出。我自己想：赚得还真不少。卖掉之后，市价继续"小"涨到17.00……但没有带我同行。记得一部叫做《邮差总按两次铃》的老电影吗？显然我是个多么容易满足的交易者，因为不久之后，我在3.19处买入5月大豆，3.22加仓，3.24再加仓，3.36时全部平掉，就在大豆创纪录的大多头趋势开始发动之前！

在3.36卖掉之后，我看着市场继续上升到8.59，这是一个疯狂的、前所未闻的、难以置信的价格。我"知道"时机已经成熟，可以好好做空了。价格超过了我"算出"的最上限，所有的技术指标（除了一种，我们马上会谈到）都大叫"超买"，而且以前大豆的多头市场都在5、6月做头反转。所以我在8.58左右建立了一个7月大豆的小空头仓，而且决定在初步仓位有不错的利润之前，绝不加仓交易（至少我做对了某些事）。我同时决定，如果市场转坏，绝不在市场内停留太久，如果空头仓证明是错误的，我就会把空头仓平掉。这正是接下来所发生的事情，我所做的事情也是如此。仅仅两个星期之后，我就平掉了空头仓，每份合约损失15 930美元。然后市场很快涨到了13.00，你敢相信吗？

大家在下次有冲动脱离严守纪律的交易策略，改用自己一厢情愿的梦想时，或者想在动能十足的趋势市场中找逆势交易的头部或底部时，必须记住我的这个惨痛（也有点尴尬）教训。哦，对了，前面我所说的技术指标，除了一种之外，其他都是看空的，那到底是什么？那就是趋势继续向上！

谈到成功的交易需要严守纪律时，到目前为止，我都是根据自己的经验阐述自己的观点，这些经验包括我在美林公司当业务员4年，当市场分析师3年，在某家结算公司当总裁和营运总监7年，再加上若干年的基金经理生涯。除了有7年是几个交易所的会员之外，我在场内的经验仅仅是亲自到场内观察交易情况，并在纽约商品交易所试填一张简单的50手铜的委托单，但没成功。因此，我想分享一下那些成功能干的芝加哥场内经纪人关于期货交易纪律的观点，可能更有意思。

《FIA评论》是美国期货业协会（美国期货业协会，华盛顿哥伦比亚特区艾伊大街 1825 号，20006) 出版并接受订阅的一份杂志。1987 年 1/2 月刊有一篇很有意思的访谈，访问了 4 位场内交易者，文章标题是《场内交易者谈交易计划所需的纪律》。接受访问的每个人在场内都有各自不同的专业领域，其中一位是场内经纪人，替别人或公司填交单子；一个是套利者，交易的是差价，从两个相关市场间的价格变化中套取利润；一个是短线投机者，在非常短的时间内做短线，这种人对场内的流动性很有帮助，所做的仓位很少过夜；第四个是趋势交易者，用他自己的定义就是"在长期趋势中寻找赚大钱机会"的人。

以下是这些人关于交易纪律的认识。

套利者："我成为芝加哥期货交易所会员 9 年的时间里，发现最重要的事情就是，会员若要成功……我并不认为对市场的认识比对自己的认识更重要。说白了，自律非常重要。"

短线投机者："任何交易的关键在于纪律。我不在意那是长期的投机还是锱铢必较地做短线，你一定要按照一定的规则去交易，尽快承认自己的损失。我犯过错，我们全都犯过错。比如说，事先我们会告诉自己，现在要买某些东西，只要对自己不利 4 档，我就要出场。等到市场真的对自己不利 4 档，我们又会告诉自己，再等一下看看 (而没有马上出场)，结果 4 档变成了 40 档。总而言之，基本要求是一定要守纪律，遵守游戏计划。"

趋势交易者："趋势交易者也要严守纪律。在他建立仓位之初，就必须知道在什么地方要带着损失出场。大致来说，趋势交易者要能勇于接受特定的损失，就像短线者一样落落大方。他必须严守纪律。他必须坐在那里，看到市场趋势对他不利时还能够说：我总是会把止损写在单子上，用这种方式，我知道什么时候自己出场了。等到出场后，我会用另一种观点看这个市场，做另一个决定，决定要不要再回去或不再进场。"

场内经纪人："场内经纪人必须严守纪律，知道在某一个特定的价格水准，技术交易可能会怎么做，以及他所做的每一个市场，支撑在哪里，压力又在哪里。他不能被一时的激情冲昏了头脑，而且必须知道各种消息会对市场及其趋势造成什么样的影响。"

总而言之，不论你选择交易什么，或者你选择要用什么方法交易，这些经验丰富的场内经纪人建议你一定要有一套计划。这套计划必须有一个紧急止损点，使你的损失能在控制之中。而且，非常重要的一点是，你必须严守纪律，遵守你的计划。

第 11 章
市场趋势总是已经吸收消化了消息

几年前,我与一位经济分析师合写一篇可可豆的研究报告。写完这篇报告,我的总结是,从长期交易者的眼光来看,可可豆是不能交易的商品,处理这种东西的最好方式就是吃掉它,而不是去交易它。但是无论怎样,这位同事和我还是必须去研究消息和价格趋势的关系。当我提出一个理论说,价格创造消息,而不是消息影响价格时,他显得很迷惑。"太荒谬了,"他咆哮着说,"大家都知道价格会跟着消息走。就此打住吧。"一般来说,我不是个好赌的人,不过我倒愿意拿点钱来赌这个"大家都知道"的常识。刚好那时有个可以赌的对象,我提出的说法是,我可以根据价格趋势和它与其他市场技术因素的交互关系,合理地预测出会有什么样的消息出现。我的赌注是 20 美元,这是我赚得最轻松的钱。

那时,我们处于相当强劲的多头趋势中,做多的主要是经纪

| 第三部分 |
交易时机

公司的投机者，做空的主要是业内人士和一些专业贸易公司。（你可以猜得出来，我自己已有一套看法，知道谁会赢。）第一次大幅回调后（有关回调的解释，通常是在事实之后出现），我指出，将来会出现下面两则消息中的一个：

1. 有个生产国突然"发现"能够出口的可可豆比早先宣布（这很可能是先前大涨的原因）的要多。
2. 费城或纽约的某个可可豆仓库里意外"发现"数量庞大的可可豆。

这一次的结果是"费城仓库里发现了可可豆"。本人得一分。投机性多头大举平仓之后，市场又恢复上涨趋势。很多原来做空的人抢着平仓，并赶快在最近的回调处做多。接着我们见到长达一周猛烈的涨势，包括两个交易日涨停，贸易公司则趁这两天卖出。到那个周末，我告诉我的那个同事，上涨的原因会是下列两者之一：

1. 非洲某个种植地意外出现所谓的黑荚果病。
2. 美国东海岸仓库里的可可豆突然遭到虫害。

这一次的结果是害虫惹祸。

糖市提供了关于价格和市场消息之间特殊关系的绝佳证明。每个深思熟虑的交易者都应该好好研究一下每次价格波动之后消息发布的方式。到1985年年中跌到2.50左右的糖市长期阴跌，整个过程都伴随着每种能够想象出来的空头消息。但是在市场反转开始上升之后，利空消息都被人们塞进抽屉里了，突然之间利好消息满天飞。1987年1月26日，糖价上涨200点（相当于以600美元保证金交易每份2240美元的合约）之后，《华尔街日报》指出：

据有关消息，苏联在全球市场大买精制糖，使得糖期货涨势欲罢不能，3月合约以8.22收盘，上涨22点。有分析师称，莫斯科购买了50万～70万吨的粗糖……有位分析师甚至表示，苏联买入的数量高达100万吨以上。分析师们指出，糖的价格已经被以下报告抬高：巴西要把出口75万～150万吨原糖的合同推后到1988年或1989年，古巴的甘蔗收割和压榨出了问题。分析师们还说，巴西的酒精制造消耗了部分糖，国内需求旺盛，而且有迹象显示干旱可能会使收成减少，已经导致供给紧张。

他们似乎已经"炫耀"每个能够想象到的利好消息，但是如果价格再下跌200点，你可以打赌，消息会"突然"变得全部看空。

事实确实如此。我们心里必须记住重要一点：市场价格一定会波动，并且在每次波动后，分析师和评论家们也一定会等在那里，对市场刚发生的事情提供完美的解释。对很多深思熟虑的观察家来说，所有这些所谓的消息、场内的闲聊和市场传闻都是一些专家和业内交易者顺便捏造的，用来麻痹、混淆、引诱容易受骗的交易者建立根本站不住脚的市场仓位，并且骗的人越多越好。

应该想办法避免掉入这样的陷阱，的确是有这样的方法。其实方法很简单：聪明的交易者只要不理会那些泛滥的谣言、场内的闲聊和市场中到处流传的消息就可以了。他只要把注意力集中在每个市场中真实的技术因素，而且严守纪律，遵守一套对他和他的独特风格最有用处的策略就可以了。他绝不会忘记华尔街的名言：知者不言，言者不知。

1984年底，我与一位休斯敦的交易者有一段很有趣的电话交流。他问我，今年的玉米收成是去年的一半左右，怎么会有空头市场呢？在回答这个问题时，我又提到某个市场的价格趋势往往会和基本面——或者说是我们对基本面所具有的看法——脱节的现象。事实上，我们一再看到，价格是导致供求平衡和引出市场已经发生（注意是过去式）的新闻或小道消息的重要因素。

再回过头来看玉米市场。当然，最近玉米的收成确实远远低于本季一开始业内人士和经纪公司的估计，但是对整个形势的判断需要综合考虑过去一年价格的变化。1983年初，玉米价格约2.75（近月合约），在基本面利好的情况下，到4月价格涨到3.20，上涨了约45美分。接着，在获利回调卖压下，价格下跌了约20美分（不到50%的回调）后多头趋势再恢复，到8月涨到3.75。这1美元的涨幅只用了6个月。如果你对这个变化没什么印象,那我们换个角度来说:这1美元的涨幅意味着只需用700美元的保证金,每份合约就能赚到5000美元。

这是多头市场?没错,但事实上,整个多头趋势已经持续了一整年,到价格涨到3.75时,涨势已把所有的利好消息都消化在里面,业内人士和专业公司只好把注意力集中在并不重要的利好因素上,包括出口可能减少以及新作物的收成可能增加。那么,这还算是多头市场吗?可能不是!但以前是,在价格上涨并消化利好因素之前,这算是多头市场。

显然,看多和看空的市场心理对交易者的买卖决定有很大的影响力。有经验的交易者知道价格的波动是个气压计:它会把未来吸收消化在里面。但是,等到趋势持续了一段时间,你再也没有办法继续吸收消化。那交易者该怎么办?他会注意观察市场,听听经纪人和朋友们对市场的看法。于是各种各样的一大堆信息齐聚眼前,其中很多是相互矛盾的信息。那么,交易者如何根据趋势、支撑和阻力、价格目标、止损点、是否采取金字塔式加仓等信息做出决定呢?这里面涉及很多问题,而最根本的问题是:买?卖?还是观望?

我认为答案非常明显——前面已经说过,以后也会再提。市场趋势(价格)总是预先吸收消化各种消息,而且你没办法确定消息的真假。即使消息是真的,那么市场价格是否已经对消息有所反应?还有,即使你知道消息是真的,而且知道价格对消息无所反应,还是有很多问题没有得到解答:如何控制风险?如何设置止损？是否要加仓？等等。这些全都回归到相同的结论。如果确保市场交易成功，你必须把注意力集中在两个领域：

1. 一套技术方法，它已经证明是一个适用的长期交易系统——能在计算机上运行——或者有可能成为这样的系统，而且你对它有信心。

2. 优秀的交易策略，而且你能运用这套策略。

只要粗略看过玉米长期（周线）趋势图（图11-1），也可以明显知道市场在1983年年中于3.75附近做头反转。但是就像人们所说的，这是事后诸葛亮，交易者在当时怎么知道那是个头部？他在当时可能不知道。直到1984年夏季3.62附近反弹失败时，市场看起来仍然像是多头趋势正在进行正常的技术性回调。3.62反弹失败，确认头部形成。但我们还是有相关的问题，在这种情况下，交易者应该怎么办？说得更明确点，他应该在什么时候、什么点位做空？事实上，你拿这个问题去问多少人，就会有多少个答案。也许大家有兴趣看看某个长期计算机交易系统在此期间所发出的信号(91天的连续价格)。

图 11-1　玉米（近月期货）长期周线图

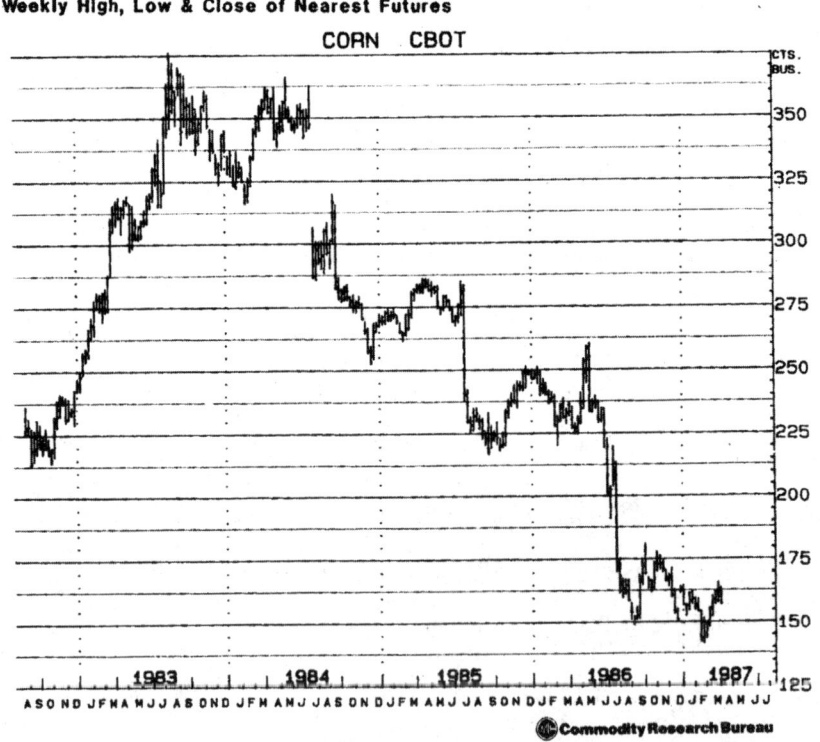

从长期的观点来看，玉米实际上在 1983 年年中于 3.75 处做头反转，不过当时我们绝对没办法知道这是个反转。实际上，1984 年年中往 3.62 反弹不成，头部才确立。接下来的两年是空头趋势，中间偶见小幅反弹。1984 年 5 月 1 日，长期计算机交易系统开始发出卖出的信号。

第三部分
交易时机

	买入	卖出	利润	亏损
A.	1985年3月22日 @278.8	1984年5月01日 @336.5	2825美元	
B.	1985年3月22日 @278.8	1985年5月15日 @273.9		305美元
C.	1985年10月31日 @234.7	1986年5月15日 @273.9	1900美元	

这三笔交易发生在1984年5月1日至1985年10月31日，共18个月，以趋势和持有期来看，交易A是1984年5月1日市场由大头部区冒出后，信号告诉我们初步做空的交易。这个空头仓持有近10个月，随着市场下跌，系统不断要我们把止损点往下移。1985年3月22日的反弹触及所设的止损点，空仓只好平掉，改做多（交易B）。市场上涨证明只是暂时性的（但当时没办法知道这一点）。下跌趋势再度确立时，卖出止损再度发挥作用，要我们平掉多头仓，再做空（交易C），并持有5个半月。持有时间长短和对应的利润或亏损，数字说明一切。

也许有些交易者可以依照所谓的消息、场内小道消息和基本面的统计数字，做出比上述更好的成绩。但是，我从没见过这种事，至少没有经常见到，而且在我真的见到之前绝不相信有这种事。

如果不谈厄尔尼诺现象（译自西班牙语"小男孩"，也叫圣婴现象），关于市场趋势相对于市场价格的讨论就不算完整。所有关注大豆市场的人都知道，厄尔尼诺现象是一股定期出现的强大暖流，往南沿着秘鲁沿岸流动，能扰乱附近太平洋的正常气候。厄尔尼诺现象使得秘鲁沿岸的气候变化不定，可以杀死或赶走海洋生物，并直接影响秘鲁凤尾鱼的捕获量。凤尾鱼捕获量与芝加哥期货交易所的大豆价格有什么关系？当然有关系，凤尾鱼是鱼粉的主要成分，鱼粉在国际市场上是大豆粉的主要竞争产品。

如果你觉得这事听起来有点难以令人置信，你就不妨随便找一位大豆分析师来谈谈就知道了。他可能会详细地从地理或气候的观点，告诉你厄尔尼诺现象出现在何时何处，结果造成全球大豆价格飙升或暴跌（谷物和油也会受影响）。

我见过关于厄尔尼诺现象的研究报告，复杂而冗长，大部分内容对交易者是没有意义的。所以我就自己设计了一整套简单和直接的技巧，用来预测每一年厄尔尼诺现象会不会存在。

我的分析抛开了气候分析、柱状图或气象观察方面的资料。那我是用什么方法去预测厄尔尼诺现象呢？我用价格变动来预测，下面是我的具体方法。从大豆长期月线图（图11-2）来看，过去15年内，市场价格大致是在4.00～10.00美元的区间上下波动。只要市场价格处于这个区间的上半部，比如说是8美元，你就可以猜出厄尔尼诺现象正在发生作用（或者至少"他们"会说厄尔尼诺现象发生了作用）。只要市场价格处于区间的下半部，比如说是5.50美元，厄尔尼诺现象就根本看不到。以底价起算，近月合约收盘价超过6.50美元，就可以说是相当有多头气势，绝对会有一些权威人士预测厄尔尼诺现象发生了很显著的影响。相反，如果大多头市场冲到9.00美元或更高的价位，近月合约收盘低于

7.50美元，就可能预示厄尔尼诺现象在广阔的太平洋某个地方消失，导致凤尾鱼数量大增。这会压低鱼粉价格，最后导致大豆价格下跌。

图11-2 大豆（近月期货）长期月线图

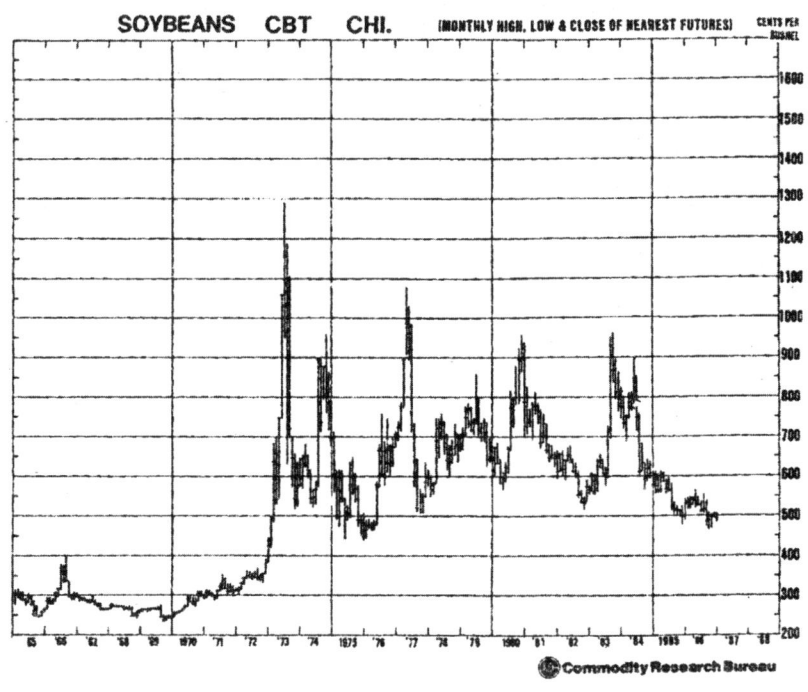

大豆市场有众多交易者和专业人士参与，每次多头市场创造的百万富翁人数比其他任何商品的多头或空头市场创造的人数都要多。只要市场价格跌到5.50以下，接着收盘反弹到6.50以上，就会有一段大多头市场出现。价格创造了消息：上涨时会有多头消息和小道消息出现；下跌时则有空头消息和小道消息出现。

顺便说一下，在真正的大豆多头市场期间，如果你没有亲眼见过芝加哥期货交易所场内交易的情形，你就一定要去看一次（大豆的价格一旦突破6.50～7.00的水平，大豆多头市场就开始了）。大豆的多头市场是所有多头市场里最壮观的，值得你抽时间到芝加哥期货交易所从门廊观赏那如烟火冲天般的壮观景象。如果你到了现场，经纪人可能安排你到场内走一遭。毫无疑问，如果我们真能遇上一波大豆牛市，你一定会在交易所的门廊或场内见到我观赏那从未见过的疯狂场面。说实话，我经常出现在那里，并不只是碰到那么盛大的场面才会在场。你只有到场内和柜台附近才能真正了解期货投机的另一面。

| 第三部分 |
交易时机

第 12 章
每个人都有一套系统

如果是多年前,你会看见我座位旁边坐着一位衣冠楚楚的绅士,他疯狂地交易大豆,你一定会注意到某些奇怪之处。这位先生总是系一条棕色领带,这条领带也许并没什么独特之处,但他一直系着这条棕色领带。由于他的穿着一向优雅,你难免会问:他为什么天天系同一条领带?

他的回答很简单:这条棕色领带是他的"大豆交易系统"。他的"大豆交易系统"?没搞错吧?没错,几个月的时间内,这位本来很聪明、十分理性的先生,某制药公司的主管,完全证实他的"大豆交易系统"绝对管用。

这位先生我们暂且叫他马文吧!以前从没交易过商品,但是有一天他在俱乐部里听到两个"经验丰富的交易者"交流大豆期货利好的心得,他觉得这样就够了。第二天,他来到美林公司,当时我还是那里新进的业务员。他说要找一个看得懂商品走势图的人帮他的忙（这件事就落在了我的身上），并开了户。我带他到商品走势图前，教他怎么看谷物价格（那时还没有计算机屏幕可以看），并让他了解了一些必要的问题，例如交易时间、合约大小、手续费、保证金和保证金追缴程序。他听完后就掏出5000美元的支票，马上买入1000万蒲式耳（两份合约）的5月大豆期货。接着，令人难以置信的事情发生了。他很幸运，正好赶上了众人皆知的1961年大豆牛市。我们用不敢相信的眼神看着这位刚出道的新手从1 000万蒲式耳做到2亿2 500万蒲式耳(2份到45份合约），投入资金增加到1万美元，再增加到8万美元。

天有不测风云。后来大豆市场竟然连续3个交易日跌停（当时跌停幅度只有10分）。马文每天亏掉22 500美元，可能是半年的薪水，开始感觉到催缴保证金的压力。后来他系着那条幸运的领带出现在我们的办公室。有一次，他系着这条领带在某次重要的桥牌锦标赛中后来居上，赢得冠军，从此这条领带就成了他的幸运符。就是那么幸运（但你绝对没办法让他承认事情纯属巧合），那一天开盘跌停后，临收盘前最后15分钟价格惊人反弹，跌停打开，涨到平盘，再涨到——信不信由你——涨停。那天晚上，马文好好款待自己和那条领带，坐他新买的高级轿车，从我们在城里的办公室开回布郎克斯的公寓。不用说，从此以后，不论他穿什么衣服，那条幸运棕色领带总是一成不变地系在他那挥汗如雨的脖子上。这当然是个很奇怪的交易系统，但是当事人绝

第三部分
交易时机

对相信它管用，对他来说，这才是最重要的。不过很不幸的，在他投入的资金超过 8 万美元后不久，幸运领带失灵了，但那是后话了。

与此不同的是，我们现在生活在先进的科技世界中，我们的交易系统可以依赖更多合乎逻辑的程序，运用数学方法，利用计算机程序来运算，而不必靠幸运的棕色领带。

这些科技中打头阵的是目前功能强大的计算机，它们能以闪电的速度研究和计算出几年前还难以想象的东西。

我每到一个地方、每一通电话、每一封信，谈论的焦点似乎总是围绕着计算机交易系统、软件、线上报价和分时图等东西。新手只要花几个小时，研究计算机的交易方法和软件的运作方式，就能开始测试现有的系统，发展自己的系统。他可以把不同系统的有趣部分结合起来，设计出满足自己需求的东西。也就是帮他从交易中获利，赚钱的仓位赚得更多，亏钱的仓位亏得更少。

所以说，现在每个人都有某种形式的交易系统。但它们都能算做交易系统？以下是我最近偶然看到的评沦，主要谈投机和交易系统的问题：

但是，读者应该充分认识到，投机没有所谓的金光大道。并不是知道了问题的所有状况，利润就可以用数学公式精确地表达出来。会有很多无法预测的情况成为系统使用者的绊脚石……成功的交易者自己都说不清一支股票什么时候适合买入，什么时候适合卖出。他们没有一个人知道系统有可能或可以使他们的综合选择更准确，而只是无意识地运用这些很不可能的事情。

把这些数字填在本子上是多么容易的一件事！图表到处都是。选择每只股票都是希望和恐惧交织，投资者有无限的机会买入某支股票，满怀信心一定赚钱。经纪人告诉我们，大约100个人中有1个人是用这种方式买入。剩下的99个人不是这样子，他们会做计算，加减，四处找重点，试试这个系统又试试那个理论，经过一番冒险之后，身上的钱都亏完了。

这些话听起来是不是很熟悉？是不是在华尔街上某本书里见过？或者是和某个市场专家说的一样？你可能见过类似的文句，不过，就像阿方斯·卡尔所说的："事情变化越多，它们越保持原貌。"事实上，最近你不可能看到这段特别的华尔街名言——詹姆上·K·梅德贝利在1870年所写的。（詹姆士·K·梅德贝利，《人类和华尔街的神秘》，柏灵顿，弗雷瑟出版社，1870年，1968年重印。）

如果交易者曾经在19世纪试验过系统，现在就会认真用了。事实上，这件事可能是真的：几乎每个认真的交易者都会试验过某种交易系统，改善进出时机，希望尽可能长时间地待在赚钱的仓位中，或者尽早退出亏钱的仓位。这三个目标都很重要，整体算下来能不能赚钱，主要是看交易者有没有能力追求和达成这些目标。

第三部分
交易时机

一个良好的长期趋势跟踪系统最吸引人的地方，是仓位通常建立在趋势就要发动的起始点，而且是朝趋势的方向建立。一个良好的系统会让你在市场仍对你有利的情况下保持原有仓位不动；一旦不利，又会用止损的方式让你退出；如果趋势反转，它也会让你反向交易。其中的困难之处在于"尽量保持仓位不动"，因为所有的系统交易者都发现，很难调整好市场止损点，以保证在市场仍对你有利的情况下能继续持有仓位，但是（重要的就是这个"但是"）能在恰到好处的时刻，通过止损点把你拉出市场，可能的话还要反向交易。这是很难的。真实的世界充满了紧张气氛，设定止损点只能说是一门艺术，没办法像科学那样精确。止损点可能设得太接近，只要小小的技术性回调，你就会被洗出市场，或者距离太远最后使你抱着巨大的赤字黯然出场，或是在趋势反转的时候，吐回大部分的账面利润。成功交易系统在设计的时候，最困难的地方可能就是要想办法解决止损点要怎么微调到恰到好处的地方，这也是目前研究交易系统的人最关心的问题。

趋势跟踪系统的另一个大问题是，当价格在宽广的区间内横盘整理时，这种情况比激烈的既定趋势更常见，根据系统交易的人总是会在反弹时买入，回调时卖出。这种洗盘的损失，是顺势交易不可避免的一部分，交易者必须有耐心，财力也要雄厚，挺过一连串的洗盘损失，等候大行情的到来，大赚一笔。系统一直让你不断进出，并且发生损失时，你确实需要有很大的耐心且严守纪律，才能按照系统所说的去做。但是我们的经验显示，一旦你坚决采用某套可行的趋势跟踪方法，遵行它的成果，会比你一再怀疑它的能力，不断想办法"改进"它要好得多。

谈到交易系统，我们就想到移动平均法。这个方法显然是所有方法中最古老、最基本的一种。最简单的移动平均数是拿X个连续收盘价之和除以X。譬如，如果你要得9天的简单移动平均数，那你可以把过去9天的收盘价加起来再除以9。最简单的移动平均数组合，可能是5天对20天，以及4天对9天对18天。

在图形里用了"对"字，是因为交易者经过多年的摸索，犯下错误和试验之后，发现"交叉"或"穿越"技巧最能发挥移动平均线的效果。本质上有两种方法运用这些简单的系统，而且有时移动平均线的表现竟比其他更为复杂和精细的系统要好。当收盘价穿越你的移动平均线时，你就可以进行交易；譬如，使用19日移动平均线时，价格往上穿越19日移动平均线时，你可以买入，当价格穿越19日移动平均线往下时，你可以卖出（甚至反向交易）。但是这个简单的系统比第二种方法缺少弹性。第二种方法是利用双交叉法：比如说，以5日和20日移动平均线交叉法来运用时，当短期移动平均线（5日）收盘价往上穿越长期移动平均线（20日）时就买入，反之，如果5日移动平均线向下穿越20日移动平均线，则卖出，甚至做空。（如果使用4日对9日和18日的均线策略，当4日移动平均线向下穿过9日移动平均线时，平掉多头仓位；当9日移动平均线向下穿过18日移动平均线时，开始做空。以此类推。）

第三部分
交易时机

这些基本策略当然能使你及早投身于趋势之中，但是你也肯定会遭遇很多言之过早的波动，并且因上下波动止损出场而损失。但是，如果趋势持续相当长的时间，你就会尝到甜头。

认真的系统交易者往往会更深入地运用移动平均线。有些人利用所谓的加权移动平均数，这种方法对最近价格的重视甚于以往的价格。譬如，15日加权移动平均线可能会给最近1天的收盘价权数15，前1天的权数给14，以下依次类推，直到15天前的收盘价给1为止。然后再把最近1天的收盘价乘以15，前一天的收盘价乘以14，依次类推，然后再用总数除以权数之和（这个例子中是120），目的是为了得到中肯的平均值。还有些交易者使用指数平滑平均数。这个方法是利用更为复杂的计算，跨越一个可能无限长的时段。这种方法显然需要用到计算器，更务实的方法就是配置一台计算机，里面装有专为这个目的而设计的软件。

就任何移动平均系统而言，无论简单的还是复杂的，一个十分关键的问题是：移动平均数要用多少天？以及每种不同的商品是不是要用最适当的天数（专为那种商品而选定的天数）？谈到这点，我们不妨看看技术分析师弗兰克·霍克海默和戴夫·巴克尔的杰出研究。霍克海默测试过1970年—1976年13种不同的期货，每一种都用十分广泛的平均数，从3天到70天不等来测试。他的结果清楚地显示，没有单一"最佳"的通用组合。他的最佳简单移动平均数（收盘价穿越某个移动平均值）估计出的最佳利润如下：

	最佳移动平均	累积利润/亏损	交易次数	获利次数	亏损次数	获利次数/总交易次数比率
白银	19 天	42 920	1393	429	964	0.308
猪腩	19 天	97 925	774	281	493	0.363
玉米	43 天	24 646	565	126	439	0.223
可可豆	54 天	87 957	600	157	443	0.262
大豆	55 天	222 195	728	151	577	0.207
铜	59 天	165 143	432	158	274	0.366
糖	60 天	270 402	492	99	393	0.201

请注意这些是假设性的交易，是根据事后的计算而得的。即时的交易成果不可能有上述的利润。同时也请注意获利次数对总交易次数的比率偏低，从 0.201 到 0.366 不等，这是系统和公式交易的典型结果。霍克海默又测试了线性加权移动平均线和指数平滑移动平均线，最后对简单移动平均线、指数平滑平均移动线和线性加权移动平均线进行了相互比较。研究结果发表在 1978 年的商品年鉴（商品研究局，纽约）。

有人觉得收盘价对一条移动平均线的方法过于简单，不妨研究一下双重移动平均线交叉法。运用这种方法时，必须计算短期和长期的移动平均值，譬如 8 天和 35 天的平均值。8 日均线向上穿越 35 日均线时买入，相反则卖出。同样，霍克海默也在这方面做了十分杰出的研究，利用 1970 年—1979 年的 20 种不同商品，测试最合适的交叉组合，一些最合适的组合情况如下：

白银	13 天对 26 天
猪腩	25 天对 46 天
玉米	12 天对 48 天
可可豆	14 天对 47 天
大豆	20 天对 45 天
铜	17 天对 32 天
糖	6 天对 50 天

戴夫·巴克尔是对另一个系统测试做了认真研究的分析师。他针对1975年—1980年的市场，比较了5日和20日双重移动平均线交叉系统（没有优化）和优化后的双重移动平均线交叉系统。结果不奇怪，优化后的系统比没有优化的系统表现更好。巴克尔的部分最佳组合情况如下：

白银	16 天对 25 天
猪腩	13 天对 55 天
玉米	14 天对 67 天
可可豆	14 天对 38 天
大豆	23 天对 41 天
铜	4 天对 20 天
糖	14 天对 64 天

移动平均线的运用还有很多种方法，有些专注移动的动量。我认识一位伦敦的外汇分析师就是利用移动平均线确定趋势和进

出时机。他的关注点放得相当长，技术研究工作是利用1个月（21天）和3个月（63天）的移动平均线。最初，他每天比较21日移动平均价格线与相对应的63日均线，用来寻找最近趋势的动力。接着，他会检查63日均线的斜度，如果曲线斜度由下跌转为上涨，就是买入信号，反之就是卖出信号。由于这是一个相当长期的方法，所以交易次数相当少。这位分析师告诉我，他在三年半的时间内只做了5次德国马克的交易，而且整个结算下来有盈利。我也跟其他分析师提到过，其中很多人都超越了移动平均线交叉的分析，重心改在移动平均线的斜度上，从各条均线的斜度变化找出信号。不过，我没看过这些方法产生实时的成果。

以上提到的少数研究是在20世纪70年代和80年代初进行的。很显然，从那以后，有很多更为复杂的研究和测试。不过，上面所讲的方法仍可作为技术交易者进一步研究测试和发展更有个性的交易系统的起点。

我一再关注的是，良好的技术方法或交易系统只是成功交易所需的一半而已。另一半同样重要，就是应用这些技术方法或系统的一套可行策略。我宁可有一套平凡无奇的系统，但一定要有一套优秀的策略，而不是出色的交易系统搭配平庸的策略。当然，理想的解决方案是一套一流的系统配上一流的策略。

不久前，我与一位优秀的数学家合作。他为一套卓越的计算机交易系统设计了参数。我们当面谈到技术层面时，我问他，一个交易者应该用什么态度面对交易系统，才能得到最大的利润呢？

第三部分
交易时机

他的看法是:

1. 他必须对自己的系统有信心,不能因为个人的情绪、偏见或一厢情愿的想法,而想去超越、猜测或"改进"它。

2. 他必须有耐心在场外等待交易信号,仓位一旦建立,就要有耐心持仓不动,直到反转信号出现。

3. 他必须严守纪律,同时遵守交易系统的信号和自己的交易策略。

这些年来,我与不少交易者通信交流,其中有很多交易者经验丰富,尝试过一系列的交易系统。就我所看到的,很多内容涉及在使用交易系统时共有的经历,其中包括一些很好的建议。

加利福尼亚州红杉市的 S.H.

我对现在所用的交易系统很满意。对我而言,这个系统轻松而惬意地指导我的交易,效果很好,在止损点管理、相关利润方面解决了我的问题。如果没用这套系统,我的利润就会大幅缩水。

法国巴黎的 T.A.

不幸的是,我花了8个月的时间,才能完全赞同和接受系统告诉我的每一件事情。我已经能够抛开自我的影响去赚钱,不过,如果我不试图在交易系统内寻找捷径，赚到的钱可能会更多。

老实讲，我在商品交易的本质方面，还要学习很多东西。我要学会多了解自己——我缺乏耐心，不守纪律，有时愚不可及，误以为自己很能干，有独立思考的能力，不盲从别人的系统。神奇的是，去年每当我违反系统时，我就会失败。不仅均线法则帮了我，也要感谢棉花和咖啡豆市场的重大趋势，让我得以自救。

不用说，1987年，我一定会亦步亦趋地根据系统发出的买卖信号去做。我自己瞎折腾，要在这里赚5个点，那边赚10个点，根本没占到便宜。我终于明白，我和坐在旁边的那位一直想找头部、底部的老兄一样无能。去年惨痛的经历给了我一些很有用的教训，绝不会马上忘记，就这一点而言，去年还是收获颇丰的。

得克萨斯州奥斯汀市的 M.L.

我想，你肯定想了解我在过去3年使用XYZ系统的情况。我是在1983年5月买的这套系统，但是没有马上按照它的提示去做。我自己不放心，常常不信任这套系统，总是反其道而行，根据自己的预测去运用那些操作。说实在话，我后来慢慢地开始使用这套系统，最后持之以恒、满怀信心地听从它所提示的交易信号。

整个算下来，我原来的账户里有19 000美元，3年后增长到81 814美元。这些钱都是持续合理地赚到的，风险收益比很小。

| 第三部分 |
交易时机

还有一个额外的收获，就是这套系统教会我耐心、前后一致、多元化和纪律。人性的贪婪和恐惧会导致大多数投机者赚钱时赚的是小钱，亏钱时亏的是大钱，这是很多交易者的通病。幸好有系统可以帮助交易者控制这些毛病，把注意力放在纪律性和策略性都可行的投机方法上，并实现利润。

提到这么多，到底我的葫芦里要卖什么药？计算机交易系统是最好的方法吗？我的答案很明确……可能是吧。首先，我们要谈谈系统的好处。我在谈到交易系统时，总会用一些诸如良好、不错、可行的形容词来说明这个东西。但是什么叫做良好、不错、可行？即使你能清楚地定义它们，你又如何决定某个系统良好、不错、可行呢？也许最好的检验办法就是提供一个没有约束力的测试期（任何系统都不可能按这种方式提供给我们）。但即使这样做了，还是有缺点。短时间所得到的结果，可能不具有长期的代表性。因此，最好的检验办法就是要求使用系统至少两年的交易者提出他们实际应用所得到的成果，并且你要与尽可能多的人进行交流。其次，即使交易系统很出色，你也得确定它与你的交易方法和目标吻合才行。我见过一位交易者在一套非常出色且切实可行的系统上花了很多钱，结果发现它与自己的交易方法不合（他是个短线交易者，系统却是长期仓位交易系统）。很遗憾，买来的那套系统只好束之高阁。简而言之，每套系统都有它的性格和理性，通常反映了那套系统开发者的性格和理性，虽然它可能是一个不错的系统，但对你也许不适用。

考虑选用某个系统时，你必须决定它是否像卖方或广告所说的那样管用。令人惊讶的是，实际情况往往并非如此。几年前，我跟西雅图的一位交易者见面，他向我推荐他开发的一套系统。这个人信用卓著，而且在一家名声不错的公司工作，所以我决定好好看看这套系统，并保证全力合作。我请他给我看真实的交易纪录，那位交易者拿出他自己账户的交易纪录给我看。账面上有利润，这应该可以证明系统管用。但是我还是暂缓做决定，因为他并没有给我看其他账户的交易纪录。如果这套系统这么好，为什么该公司的其他客户没有抢着用？我这个人一向喜欢打破砂锅问到底，接下来就是要看它每天发出的信号，我告诉他只要计算机交易系统发出信号，一律打电话告诉我。6周后，我确定已经看够了，不再向他询问。我之所以这么决定，倒不是因为这6周系统提示的交易几乎都产生了亏损（可能是由于没有趋势的横盘整理造成的），而是被一些截然不同的东西弄得我不放心。当初推销这套系统时，他说是长线交易系统，事实上，账面上的交易纪录的确也证明了这一点，但很遗憾的是，计算机交易系统一有信号，并通过电话告诉我时，我的感觉是，那些信号似乎是发自其他不同的系统。以下是我发现的一些有问题的地方：

1. 账面上的交易纪录显示83%的交易有利润，但实际交易只有12%的交易有利润。

2. 账面上的交易纪录显示平均持有周期是 34 天,但实际交易中平均持有周期是 5 天。

3. 账面上的交易纪录显示平均利润是 2884 美元,但实际交易的结果只有 440 美元的平均利润。

不用说,从此以后我再也没看过或听过这套系统。

交易者关心计算机交易系统的另一个问题是费用。便宜的交易系统只要 75 美元,贵的要 7500 美元。事实上,一套系统的初始成本,可能是交易者做决定时最不需要计较的因素。最昂贵的系统,最后反倒有可能是最经济的(这个道理不仅仅适用于交易系统。我买的最经济的车是一辆有 3 年车龄的劳斯莱斯,从纽约的一个汽车商手上花了 24 500 美元买的,用了 4 年后,以 25 000 美元的价格卖了)。选择交易系统时,不要考虑价格,要重点考虑性能(应该说是保持稳定、前后一致的性能)、合理的止损和较低的风险收益比(至少是 1∶3),还要合乎你的投资逻辑。

我对于所谓的黑箱式系统表示怀疑:这种系统使用时,交易信号会直接从计算机发出来,不告诉我们理论依据如何,不让我们看看相关的图形,以及所做的分析到底采用了哪些相关的数据。交易者应该知道系统正在做些什么事,发出的信号为什么说该那样做,以及路线如何。当然,系统程序究竟是怎么编写的可以不让我们知道。有些比较好的系统,会提供彩色图表,并让交易者决定要不要打印出计算结果、工作底稿和图形。能够把图形储存在硬盘上是一个重大优势，因为将来还可以进一步分析，而且交易者可以把其他曲线或研究成果画在同一个图形上。

下一个要讨论的问题自然是：交易系统由哪些部分组成？你要怎么交易？系统最后给出来的东西是什么？暂且不论那些不用计算器或计算机的少数数字系统，一个交易系统包含两部分——硬件和软件。硬件方面，你可以用可编程的计算器（如惠普公司功能强大的产品）或者一台计算机。你必须用某种方法把每天的价格资料输入，可以用手输入，或者与远距离的数据库连线，如商品系统公司的QUICKTRIEVE。要连线，就必须有调制解调器和电话线接头。在正常情况下，你需要两个磁盘驱动器（或者一个硬盘，内存容量至少256K）。软件方面，如果是计算器，就需要用某种方法指示计算器怎么运算。但大部分系统都是在计算机上运行的，通常需要两张磁盘，一张程序磁盘（把程序告诉计算机）和一张数据磁盘。数据磁盘每天更新，方法或者用手输入，或者是通过电话调制解调器与数据库连线。更新的数据可能是实际价格，也可能是连续价格。所谓连续价格，是指数据库计算出来的一连串价格（连续91天数字是最常见的形式），具有平滑实际价格产生缺口或失衡的作用。采用连续价格有很多好处，其中之一是某个期货月份到期时，你不必每次都重新输入或重新计算价格数据。连续的数据自然就是那些持续、从不间断的数据。

整个程序从输入每天的价格开始，每天收盘后就要更新数据。如果你不想手动输入，那你需要一个软件程序来做这件事；整个程序最多只要几分钟。一旦价格数据输入计算机,并由计算机存入数据磁盘后,就把存储数据的磁盘移出计算机,启动程序磁盘。根据所用硬件的速度和程序的复杂性,整个程序可能要运行15—40分钟。在这期间,计算机依据程序磁盘的公式以及数据磁盘的价格,计算止损点和其他信号。然后,一件近乎魔术的事情就发生了——你的打印机就像苏醒过来一样,打印出有各种价格和信号的报表。

几年前,我正向一位同事展示一套计算机交易系统,我的8岁儿子在旁边静静地听我们谈话。他对我们所讲的事情很感兴趣,因为有时候他会帮我运行系统。在我们谈话的间歇,小查理明显再也按捺不住,贸然地对客人说:"他骗你——他是从打印机里找到的正确答案。"哦,我不指望打印机打印出来的东西是"正确答案",但我们希望那就是正确的答案。打印出来的报表有各种各样的大小和格式,但通常如图12-1所示。我们所说的这个系统可以在苹果、IBM计算机或其他兼容计算机上使用,并可以跟踪16个市场。每天晚上,它会打出报表,里面会提到它建议做多还是做空,并提供收盘价(图12-1中,价格都是91天连续价格)、反转的止损点,最后三栏则告诉你要如何金字塔式加仓和减仓。只做一个合约的交易者,或者是不关心金字塔式加仓的交易者可以不用看最后三栏。

Kroll on Futures | 期货交易策略 | Trading Strategy

图 12-1　长期交易系统打印出的日报表 (1983 年 5 月的资料)

K/W LONG TERM TRADING SYSTEM DAILY WORK SHEET　　　03 / 13 / 87

	Position Long/Short	1 Close	2 Stop	3 1st Pyr.	4 2nd Pyramid
CORN	3	1598	* 1680	1568	1631	1500
WHEAT	2	2744	* 2841	2770	2821	2643
SOYBEANS	3	4923	* 5063	4885	5001	4801
COTTON #2	3	5616	* 5802	5493	5682	5199
SUGAR #11	3	820	* 781	816	851	749
LIVE HOGS	3	4711	4385	4582	4661	4386
COFFEE	3	10487	13077	11329	13031	10668
NY L CRUDE	2	1778	* 1718	1750	1831	1629
H. OIL #2	3	4800	* 4923	4686	4975	4341
COMEX GOLD	2	4082	* 3959	4095	4167	3964
NY SILVER	3	565	* 534	560	570	546
JAPAN YEN	3	6606	6428	6553	6638	6507
SWISS FR	3	6477	* 6516	6483	6727	6404
T. BILLS	2	9449	* 9464	9447	9469	9421
S&P STOCK	3	29104	25874	28869	29274	27478
SOY. OIL	2	1613	* 1546	1612	1712	1564

这个系统可以在苹果、IBM 或其他兼容计算机上使用，计算时则用连续价格数据。

| 第三部分 |
交易时机

你可以马上看出来，系统会提供相当明确和精确的建议，但是有些系统的分析十分主观，而且要由交易者自己解释其中的含义。好的系统的另一个重要特征是，它绝不会像绝大多数交易者那样，总是只对任何市场的多头趋势有更高的兴趣。所有的信号都是从程序内的数学运算，分析过去若干天(6天到72天不等，视所用的系统而定)的价格得来的。

最后，我们的结论是：交易系统是个工具，而且就像大部分工具一样，有好的工具，也有普通的工具。要在市场上经常获利，交易系统当然不是最后的解答，而且有很多成功的交易者根本不知道数据磁盘和一张破损的磁盘有什么不同。无论如何，选对了交易系统，对于你的整个交易会有很大的帮助。但是，这是一个大大的"但是"，它的收益是与你使用它时表现出来的耐心和有无纪律性成正比的。

第13章
顺势/逆势——双重交易方法

　　成功的投资最理想的公式就是，适当地融合优秀的技术交易系统、有效的交易策略和资金管理。但这一点说起来容易，做起来难。我从事商品交易30多年，曾经进场大宰别人，不过被宰的次数可能更多一些。根据我的经验，最赚钱和最能持续赚钱的方法是所谓的长线仓位策略，在大趋势出现之初就进场，在有利的时机金字塔式加仓，而且只要趋势持续，就继续持有仓位不动。但是大部分交易者处理这个策略时，容易跌进基本的陷阱里。

　　很遗憾，我们总是想在每种市况下预测明确的（上涨或下跌）价格趋势。结果我们总是在自己以为的做多时刻逢高买入，而且在以为是做空的时刻卖到最低点。大多数交易者都亏了钱。

| 第三部分 |
交易时机

"为什么我总是买在高价,卖在低价?"这句话是不是你的真实写照?

一个简单的真理是,市场大部分时间都相当平衡,也就是说,市场是处在一个宽幅且无目标的区间内,没有明显的上涨或下跌趋势。我们用一张图来说明1983年—1985年3年内原油市场买高卖低的例子。那时,市场是在26.00~32.00的宽幅价格区间内上下波动(见图下3-1)。每一次反弹冲向30.00~32.00,总是会使计算机和其他技术指标反转向上,每一次接下来跌回26.00~28.00,指标又会变成反转向下。

图 13-1 原油(近月合约)长期周线图

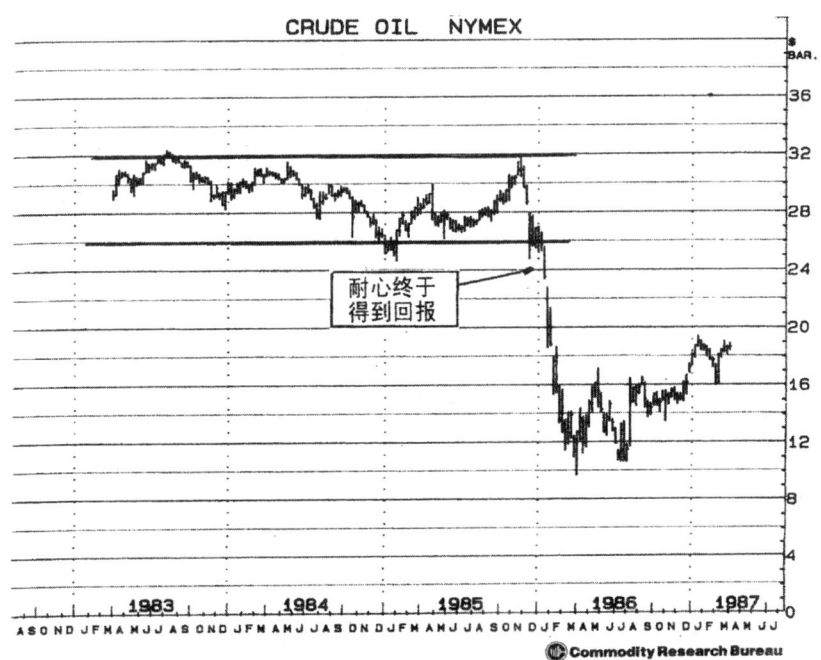

1983年—1985年，原油在26.00～32.00的宽幅价格区间内振荡。每当市价涨向区间上档时，长线仓位交易者的系统就发出买入信号，跌到下档时又发出卖出信号，结果长线仓位交易者惨遭洗盘。但是他们的耐心终于得到回报。1986年1月，市场跌破区间底部并继续下滑到11.00。这里要说明的一点是：你一定要始终如一地遵守所有的交易信号，因为1月初下跌段的大利润超过市场横盘整理期间一连串的小损失。

经过多年的探索和测试，犯过不计其数的错误，我终于找到一种双重投机交易的可靠方法，代替这种糟糕的交易方法。这个方法大致如下：价格处于宽幅横盘整理期间，你可以玩一种基本上叫做逆势交易的游戏，价格回调到交易区间的下档时买入，反弹到上档时卖出。但是一旦市场跳出这个横盘整理区间，无论是往哪个方向突破，都要舍弃反趋势交易所建的仓位，顺着突破所显现的强势方向建仓(见图13-2和13-3)。

第三部分
交易时机

图 13-2　1987 年 6 月国债

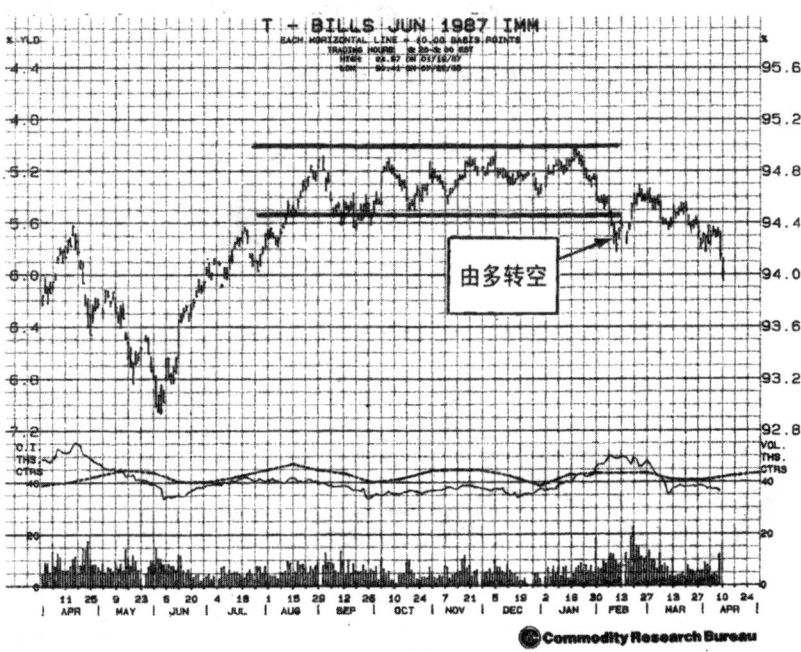

1986 年 8 月—1987 年 1 月，在这 6 个月里，市场锁定在宽幅的区间内（94.45～95.00）。在这期间，你可以逆势交易，在 95.00 的上档附近做空，在 94.45 的下档附近平仓并做多。这些逆势仓位只会用收盘止损点来保护。止损点设在区间外不远处（94.35 收盘止损和 95.10 收盘止损）。收盘价不论往哪个方向突破，你都要平掉逆势仓位，建立新的顺势仓位。2 月 10 日市场突破向下，6 月期货以 94.31 收盘。收盘时应该反向交易，由多转空。

图 13-3 咖啡豆（最近期）长期周线图

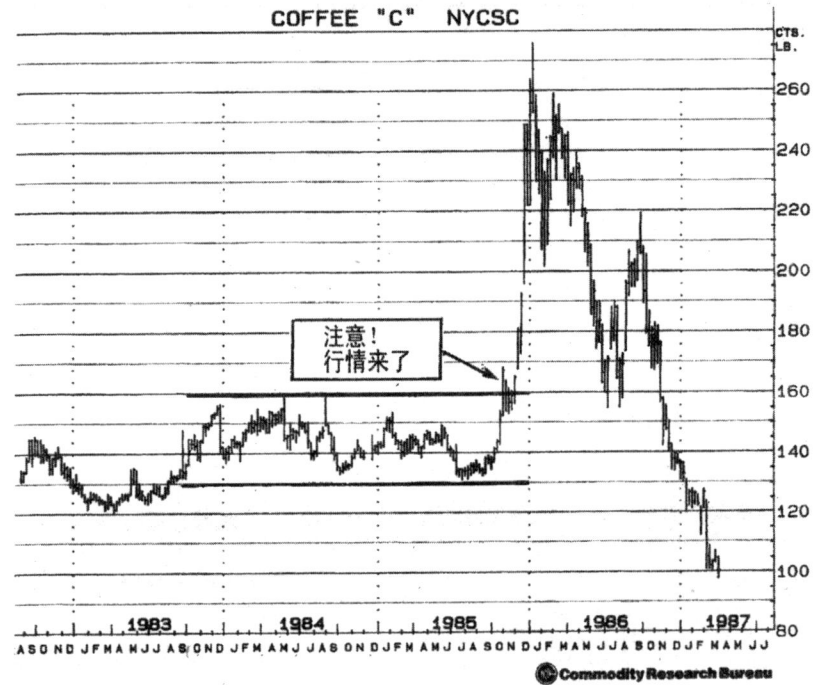

1983年7月—1985年10月，市场横盘整理（130.00～160.00）达27个月之久。在这种市场中，你应该用逆势交易方法，在接近160.00上档时做空，跌到130.00下档时反转做多。这种逆势仓位只用收盘止损来保护，设在交易区间外不远处，也就是在127.00和163.00附近。经过几次成功的逆势交易之后，市场终于在1985年10月往上突破，这时空头仓要平掉，建立顺势而为的多头仓。

| 第三部分 |
交易时机

这种方法合理且简单，没有目前很多系统和交易理论那么花哨。最合适的交易方法应当融合两个层面——技术交易系统和投资策略。不论是投机者、交易避险者，还是金融机构，只要以严肃和有纪律的态度来遵守，都能在可接受的风险环境中得到持续的市场利润。对很多成功的专业交易者来说，这是游戏计划中非常重要的一部分。这些人对自己赚钱的策略进行保密，但他们的利润却透露了一切。

执行这个策略，首先得确定每个市场的价格趋势是横盘整理，还是有明显的趋势（上涨或下跌）。

你怎么才能确定趋势是横盘整理还是有明显的趋势呢？我通常是认真探究和研判那些想要了解的商品的日线图和周线图。本书并不讨论要怎么样找趋势，这方面的参考书汗牛充栋。确认趋势一个比较客观的方法，是利用一些现成的公式，其中我见到最好的一种，是威尔德的"方向运动指数"。这个指数用 0 ~ 100 的数衡量新市场形成趋势的程度，数值越大表示趋势越强，数值越小则越趋近于没有趋势的市场（横盘整理）。这个指数也定义和确认均衡点，也就是向上和向下运动力量均衡的地方。你可以用笔算出这些数值，但是利用可编程计算器（如惠普的产品）或计算机（苹果、IBM 或可兼容的计算机），速度会更快一些。这方面的软件可找趋势研究公司购买。

确认趋势的另一种方法，是向能够提供每日或每周信息的公司购买服务。多年来，我都是利用计算机趋势分析表。这个表可以在商品研究局期货图表服务周报中找到（见图 13-4）。这个技术方法是用数学公式算出各种价格运动数值，包括移动平均数、波动率、振荡量和时间周期。这张每周一次的报表其实是商品研究局每天的电子趋势分析表衍生出来的另一个服务，其中还包括找出约 200 种期货合约的趋势和其他技术信息。从图 13-4 看得出来，计算机趋势分析表确认了每一个市场是横盘整理、上涨还是下跌。对于每一个横盘整理市场，它找出了支撑点和阻力点。收盘价如果低于所指出的支撑点，趋势就会反转向下，收盘高于所指出的阻力点，趋势就会反转上涨。此外，这份分析表还指出了上涨趋势市场何时反转成横盘（收盘价低于所指出的支撑点），以及下跌趋势市场何时反转成横盘（收盘价高于所指出的阻力点）。

图 13-4

COMPUTER TREND ANALYZER

Commodity	Delivery	Computer Trend	Trend Started Date	Trend Started Price	Current Computer Support	Current Computer Resistance	Market Close 2/6/87	Week's Change
CRB FUTURES	MAR. '87	UP	1/14/87	214.10	212.50		213.45	- .35%
BRITISH POUND	MAR. '87	SIDE FROM UP	2/6/86	1.4995	1.5238		1.4995	- $.0055
CATTLE (Live)	APRIL '87	UP	1/12/87	58.40	55.90		62.87	- .20¢
COCOA	MAR. '87	SIDEWAYS	1/23/87	1815	1789	1937	1839	+ $19
COFFEE "C"	MAR. '87	DOWN	10/10/86	177.83		131.15	126.54	+ 2.56¢
COPPER	MAR. '87	DOWN	1/20/87	60.20		61.65	60.90	+ .50¢
CORN	MAR. '87	DOWN	11/24/86	175 1/2		161 1/2	154 3/4	- 2 1/4¢
COTTON #2	MAR. '87	DOWN	1/28/87	55.15		59.65	54.77	- .41¢
CRUDE OIL	APRIL '87	UP	12/11/86	15.65	18.05		18.40	- .18¢
DEUTSCHE MARK	MAR. '87	SIDE FROM UP	2/6/86	.5026	.5300	.5581	.5390	- $.0078
EURODOLLAR	MAR. '87	DOWN	1/26/87	93.89		93.98	93.67	- .02%
GAS (Unleaded)	APRIL '87	UP	12/12/86	45.40	51.20		52.50	+ .01¢
GOLD (Comex)	APRIL '87	UP	1/7/87	408.00	403.50		407.40	- $1.5
HEATING OIL#2	APRIL '87	SIDE FROM UP	2/4/87	48.85	48.05	51.30	49.92	- 1.06¢
HOGS	APRIL '87	UP	1/30/87	45.97	43.65		45.27	- .70¢
JAPANESE YEN	MAR. '87	UP	12/26/86	.6301	.6450		.6488	- $.0028
LUMBER	MAR. '87	UP	1/12/87	172.00	180.00		202.30	+ $14.40
MMI - MAXI	MAR. '87	UP	1/5/87	380.25	403.70		422.88	+ 6.35pts
MUMI - BONDS	MAR. '87	UP	12/22/86	100-02	100-11		101-18	+ 25/32
NYSE (NYFE)	MAR. '87	UP	1/6/87	145.40	153.30		160.55	+ 4.30pts
ORANGE JUICE	MAR. '87	DOWN	12/31/86	124.00		126.78	122.50	+ 2.30¢
PLATINUM	APRIL '87	UP	1/9/87	523.80	505.00		525.60	- $2.10
PORK BELLIES	MAY '87	DOWN	12/31/86	65.77		66-90	65.27	+ .81¢
SILVER (N.Y.)	MAR. '87	UP	1/14/87	566.00	548.30		556.00	+ 3.50¢
SOYBEANS	MAR. '87	SIDEWAYS	1/19/87	499 1/4	489 1/2	504 1/2	492 1/4	- 8¢
SOYBEAN MEAL	MAR. '87	UP FROM DOWN	2/3/87	146.30	141.90		145.50	+ $1.30
SOYBEAN OIL	MAR. '87	UP	1/16/87	16.15	15.95		16.21	+ .5¢
S&P 500	MAR. '87	UP	1/6/87	253.55	266.60		281.20	+ 7.85pts
SUGAR "11"	MAR. '87	UP	1/13/87	6.74	6.95		7.43	- .21¢
SWISS FRANC	MAR. '87	UP	12/23/87	.6123	.6400		.6486	- $.0082
T-BILLS (IMM)	MAR. '87	DOWN	1/27/87	94.83		94.75	94.60	- .10%
T-BONDS (CBOT)	MAR. '87	SIDEWAYS	1/26/87	99-13	99-07	100-31	100-17	+ 17/32
T-NOTES (CBOT)	MAR. '87	SIDE FROM UP	1/2/87	104	103-14	104-24	104-15	+ 8/32
VALUE LINE (K.C.)	MAR. '87	UP	1/6/87	138.55	143.30		157.75	+ 12.10 pts
WHEAT (C&I)	MAR. '87	UP	1/14/87	283	281		288	- 17¢

‡TREND CHANGES ‡‡TREND REVERSALS §CONTRACT TRANSFERS

Commodity Research Bureau

对于每一个横盘整理，你要确认以下事情：

1. 盘整区的上档和下档。
2. 以收盘价来看，价格水准（出场点）在哪里从横盘改为上涨（向上突破）或者从横盘改为向下（向下突破）。

这些出场点（止损点）就是你该平掉逆势仓、建立顺势仓的地方，它们位于横盘整理区间之外。退出逆势空头仓的买入止损点在交易区间的上档之上。退出逆势多头仓的卖出止损点在下档下方。那要多出多少呢？显然，这是交易过程中最难以琢磨的地方，因为如果止损点设得太近，就会整天不停交易，发生太多次平仓损失；如果设得太远，你又会来不及逃生，而发生巨大亏损。设立止损点的时候，应该先考虑自己愿意在所建仓位上承担多大的总损失，再看你进场点在哪里，止损点就设在万一发生损失，损失金额等于自己愿意承担的总损失的地方。譬如，如果你交易的是大豆，自行设定的风险总额是600美元（合12美分），那么卖出止损点（适用于多头仓的状况）就设在买价以下12美分处，买入止损点（适用于空头仓的情况）就设在卖价以上12美分处。以1997年3月的大豆市场为例（图13-5），价格在4.80—5.10的区间横盘整理，目前市价是4.89。你可以在4.86附近买入，但卖出止损点要设在4.74（12美分的风险）。或者，你可以在5.04附近做空，这时买入止损点要设在5.16（同样是12美分的风险）。

第三部分
交易时机

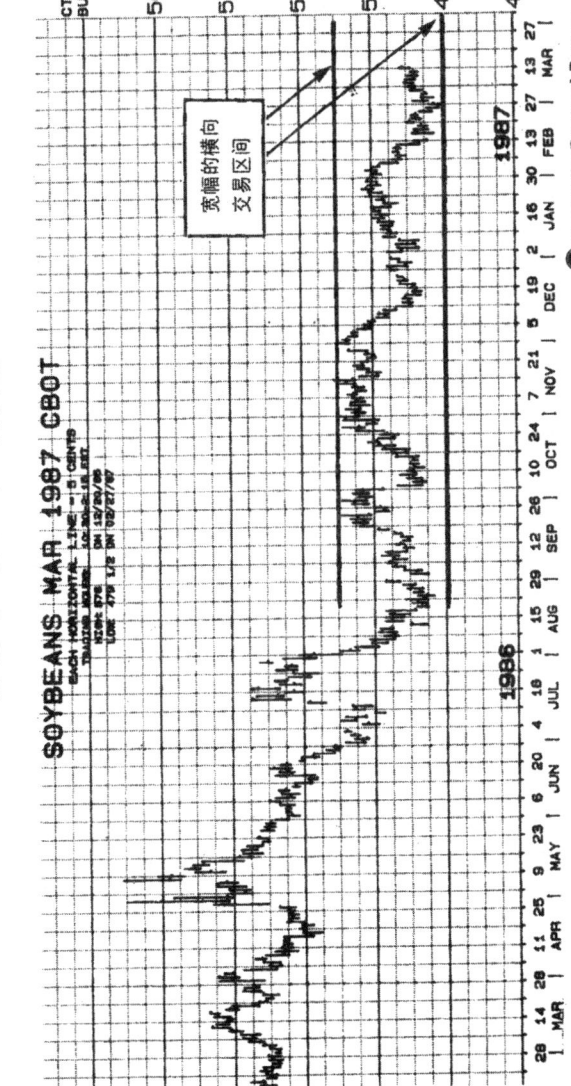

图13-5 1987年3月大豆

市场在 4.80 ~ 5.10 的宽幅交易区间内震荡，只要价格仍在这个区间内，我们就可逆势交易，也就是回调到 4.86 时买入，反弹到 5.04 时卖出。收盘价如果高于 5.16，趋势会由横盘转为上涨，这时我们就平掉空头仓，改做多。收盘价如果低于 4.74，趋势就会由横盘转为下跌，这时我们就平掉多头仓，改做空。

就平仓点而言，我不仅将止损点当做平仓点，而且会在这里反向交易。如果市场收盘价到达我的买入或卖出止损点（各在交易区间外 6 美分的地方），我会改建顺势仓。如果我在 5.04 做空 1000 万，那么在收盘 5.16 的止损点处会买回 2000 万。如果我本来是在 4.86 处买入 1000 万，则会在收盘 4.74 的止损点处卖出 2000 万。

但是，如果仓位如你所愿，由于你是逆势交易，那么在交易区间的另一端，你必须平仓并反向交易。如果你见高在 5.04 卖出 1000 万，而市场开始下跌，你必须在 4.86 买入 2000 万。相反，如果你的第一笔交易是在低档附近的 4.86 买入，而市场随后反弹，那你必须在 5.04 卖出 2000 万。

这种交易的策略在于，虽然交易是逆势而为，但是市场一旦达到你的止损点，你一定要停止原来的做法，改为顺势交易。同样，只有在收盘价达到止损点的时候才会这么做，因为我们都不希望盘中随意的价格波动，只要一跳出交易区间，就发动止损交易，等到收盘时却发现价格又回到原来的区间内。

至于如何退出顺势仓位，我们还是利用止损点——不论是赚

第三部分
交易时机

是亏，一到止损就出场。顺势仓初步的止损点是设在你所能接受的亏损处，也许是保证金要求的80%~100%（如果过多，可以设低一点）。如果市场对你有利（赚钱），你还是要面对退出仓位的问题。经验显示，你找不到可行和永远可靠的方法使你卖到最高点和买到最低点。我们都有过太早卖出赚钱的顺势仓的沮丧经历。因此，不妨坐等市场自动把你带出场。设定有效率的止损点，也就是随着市场对你有利的趋势，不断亦步亦趋挪动你的止损点，直到最后碰到止损点出场为止。

顺势仓止损出场（这里所说的是盘中触及止损点，而不是收盘才止损出场）时，不一定表示趋势已经反转，那可能只是表示你已到痛苦的极限，你只好止损，或者是保存部分的利润。你最好是用单纯的平仓止损，不要用反转止损。也就是说你要默认大趋势并没有改变，你一定有机会在有利的时机再进场。

虽然这种双重顺势/逆势交易策略很合乎逻辑，但在感情上可能很难遵守。以很多市场剧烈的波动特性来看，这种策略要成功，必须有很强的心脏。我们有必要探究，为什么会有那么大的诱惑力吸引如此多的投机者在宽幅横盘整理区间的上档买入，又在下档卖出。这主要是一个"羊群效应"问题，因为当反弹时，市场总是弥漫着看多的气氛，等到回调时，市场又弥漫着看跌的情绪。价格冲向宽幅横盘整理区间的上档时，市场总会充斥着很多利好消息和传闻，市场人士总预测价格会涨得更高，同时投机性买盘随处可见。毕竟，没人希望错过多头快车的启动。如果我们是在多头趋势市场买入，或者是在空头趋势市场卖出，那么到头来可能证明我们是对的。但是由于市场大部分时间都无目标地呈现横盘状态，这种逢高买入和逢低卖出的策略往往是错误的做法。事实上，在没有趋势的横盘里，逢高投机性买入和见低卖出的做法，正好给专业交易者们提供了脱手的机会，因为他们已经在更好的价位建立了仓位。

最近我与华盛顿的一位国际银行家聊天。这个人早上刚与一个大货币中心银行的资深债券交易员见过面。"你想象一下，"他喘了一口大气，"那位老兄早上买入1亿美元债券，午饭前平仓，损失了10万美元，竟然没眨一下眼睛。"

显然，这种银行、贸易商、大机构和场内交易者都是大手笔来回进出的人，他们下的是大单、大仓位，进出都是大金额。结果是大赚大赔，造成市场的更大波动。由于他们做的都是短线，我们这些长线的仓位交易者，就很难坚守自己既定的持仓策略。在专业交易大户或贸易商与经纪公司和商品基金经常利用止损指令作为目标操作的火拼中，我们也会无辜受伤。

要防止这种大规模的洗盘，我们可采取的措施并不多。但是你可以通过建立小仓位，减少交易频率的方法把损失降到最低。同样，我们千万要避免在宽幅横盘整理中高买低卖，因为这往往是大鳄们给投机者设下的陷阱。

如果双重顺势/逆势交易策略运用得当，而且能够保持客观和严守纪律的态度，就能大幅提升整体交易成绩。

| 第三部分 |
交易时机

第 14 章
善用周而复始的季节性波动

威廉·莎士比亚说过:"当心 3 月份。"克罗却要说:"我没那么担心 3 月份(虽然我的生日就在 3 月)。让我不安的是 2 月。"

每年到了 3 月,我总会松一口气。这是因为对顺势交易的交易者来说,1 月和 2 月往往是最忙碌的。市场波动特别激烈,价格波动也似乎毫无章法。

尤其是 2 月份,正好与我所说的 2 月小憩碰到一起。这段时间,明确的多头市场会回调,持续进行的空头趋势则会加快下跌。2 月小憩的根源在于谷物交易,因为生产商往往会保留每年的收成不上市,直到下一年开始再说。这个策略可以给他们带来两个好处:农作物税可以延缓,第一季度的销售收入可以支付 4

月 15 日的税收和应对一般农场安排的储备。虽然农产品市场占期货交易的比率已不如过去，但这个根深蒂固的 2 月小憩传统仍然流传下来，而且仍然是个重要的市场因素。

技术交易者有办法从这个现象中谋取利润吗？我敢跟你说有！首先，在这段时间建立新的多头仓时，要非常小心，尤其是农产品市场。如果我看见买入信号，我还是会去交易，只不过信心没有看见做空信号时那么强，因此多头仓的规模要小。

但是 2 月小憩另有一个很有趣的层面，不论是避险者还是长线交易者都可因此大大受益。3 月初开始，你要密切注意你的日线图，在 1 月—2 月的收盘价的最高点画一条水平红线。这条线是个很有效的买入止损点。不论你要建立新的多头仓，还是平仓改做空。这个价位很可能是非常难以克服的阻力点，很多市场都难以越雷池一步（见图 14-1 和 14-2）。只有当市场足够的强势，也就是收盘价超越 1 月—2 月的收盘高价，你才会在这个止损点以上买入。此外，周收盘价显露的强势比日收盘价显露的强势更重要。并不是所有的市场都有能力穿越这个价位，因此逼迫到这个价位时，都应该做空，要不然就是缩手在场外观望。尽管有这么简单的交易策略，所有的仓位仍然还要用合理的止损点来保护。这个合理的止损点是你的痛苦门槛，你可以根据个人能够承受多大的损失来设定，也可以按需缴保证金的一定比率来设定。

图 14-1　1987 年 7 月糖

糖的强劲上涨趋势在 1 月—2 月的高价处受阻。沿着这个 8.60 的高价画一条横线，以收盘价为准，不论做多还是多头仓加仓，这都是一个很有效的买入止损点。做空的交易者可以在价格逼近这条线时卖出，并以收盘价突破 8.60 作为止损点。

图 14-2　1987 年 7 月玉米

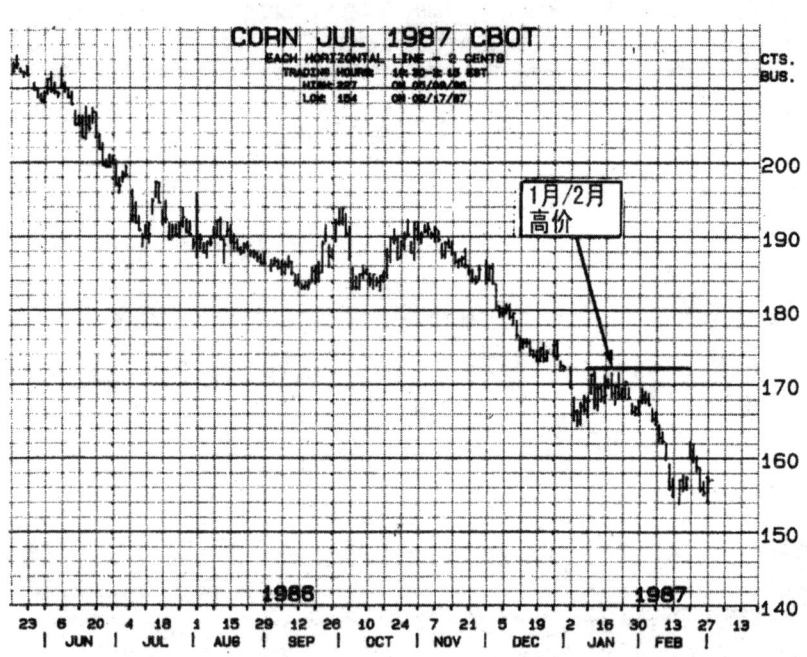

典型的空头市场。1月—2月的回调速度明显加快。1月—2月的1.72高价所画的横线是个压力很大的阻力区。价格涨近这个阻力区时，你可以加仓做空，如在1.66左右。1.72的头部是个很有效的买入止损点，以收盘价为准，如果做空，在止损点就可以改做多。

2月小憩只是周而复始地影响期货价格的季节性价格波动倾向之一。每个市场都有它独特的季节性特征，尤其是与其本身的供

第三部分
交易时机

求有关。如果你了解这些,你的交易成绩会更好。

期货投机大师之一的 W·D·江恩首先在期货分析中强调季节因素的重要性。他的经典之作《如何从商品期货交易中获利》(美国兰伯特—江恩出版公司 1942 年版,1951 年修订版)以相当大的篇幅探讨了季节性的概念,认为这是价格分析过程中一个非常有力的工具。举例来说,江恩考察得出了 1841 年—1941 年间小麦的季节性趋势。根据他的分析,在这 101 年里,价格走到极限的月份次数如下表所示:

一月	2 次	七月	6 次
二月	7 次	八月	16 次
三月	12 次	九月	18 次
四月	14 次	十月	13 次
五月	5 次	十一月	10 次
六月	9 次	十二月	12 次

江恩的分析指出,8 月(小麦收割以后)创低点的次数最多。他建议在 3 月或 4 月价格较低的时候买入,因为市场会反弹,大部分头部会出现在 5 月。接着,如果 5 月或 6 月初确实见到市场呈现强势,你就应该做空,等着季节性趋势把价格带到 8 月的低点。

拉尔夫·安兹沃思(《赚钱的谷物交易》,1933 年版,1980 年重印)也是在季节性趋势方面做过很多研究的著名交易者。他出版的《安兹沃思财经服务》是 1930 年代很权威的谷物预测刊物。据说他的基本进出时机系统，是由很多个人独门秘方《谷物交易日历》构成的（以下是小麦专用的历法）。

2月22日　在阿根廷第一次谷物暴跌，看空情绪弥漫之后，买入小麦。

7月1日　在一段谷物收成看好的预期之后，因价格可能走软时买入小麦。

11月28日　在南半球收成受到伤害的消息发布之前买入小麦。

1月10日　由于这个时候价格总是涨得太高，有超买之嫌，所以卖出小麦。

5月10日　应该是最后一个冬害消息，所以卖出小麦。

9月10日　黑穗病引起恐慌，卖出小麦。

看过这些季节性交易系统之后，也许有人会觉得那不过是远在20世纪30年代和40年代的经验和主观研究。但是大家要知道，那个时候并没有强有力的计算机软件。此后分析师才有办法用计算机和各种各样的软件去探讨和超越江恩、安兹沃思和其他人的研究。

杰克·伯恩斯坦是季节性研究方面的著名专家，他结合了现代的计算机技术和客观的研究方法。他的《MBH季节性期货图》（MBH商品顾问公司，每年出版）利用计算机研究每周的季节性期货走势。这本平装书包含了交易活跃市场的25种商品。除了有很好的季节性图形之外，还有季节性价格分析文章，内容之丰富，我在其他地方不曾见过。伯恩斯坦首先在1977年出版了《季节性期货图研究》(1953年—1977年),两年后又出版了《季节性跨期期货图研究》。这些年来,他靠强有力的计算机设备,改进和扩充了这方面的内容,提供了更好的指导(见图14-3和14-4)。

图14-3 7月大豆季节性周线图

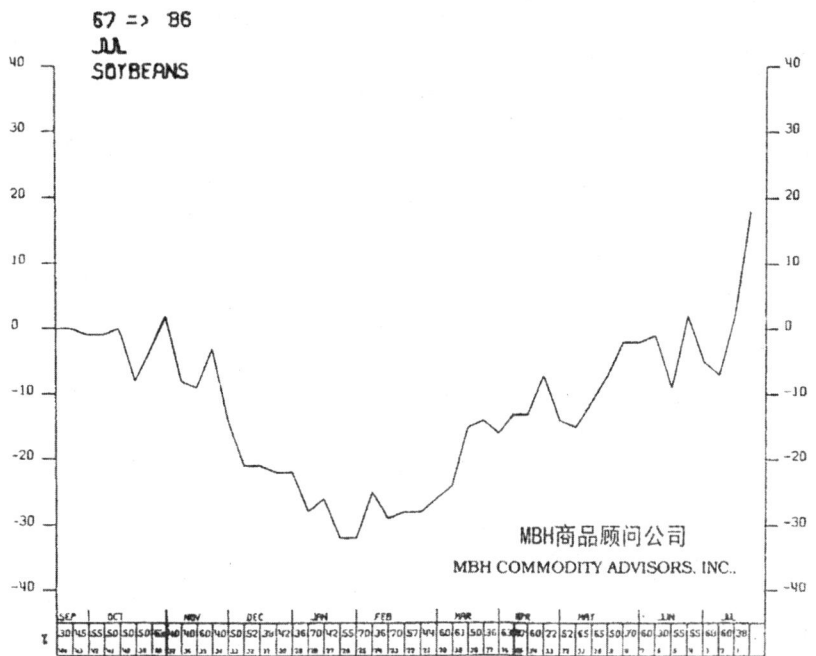

2月中旬(正值2月小憩)到7月期货合约到期的这一段期间,似乎有相当强劲的季节性上涨趋势。7月合约往往会在高点到期。前一年年底出现的低点,会在1月间受到确认,向上突破下月高点时,往往会引发季节性的波动。

图 14-4　12 月棉花季节性周线图

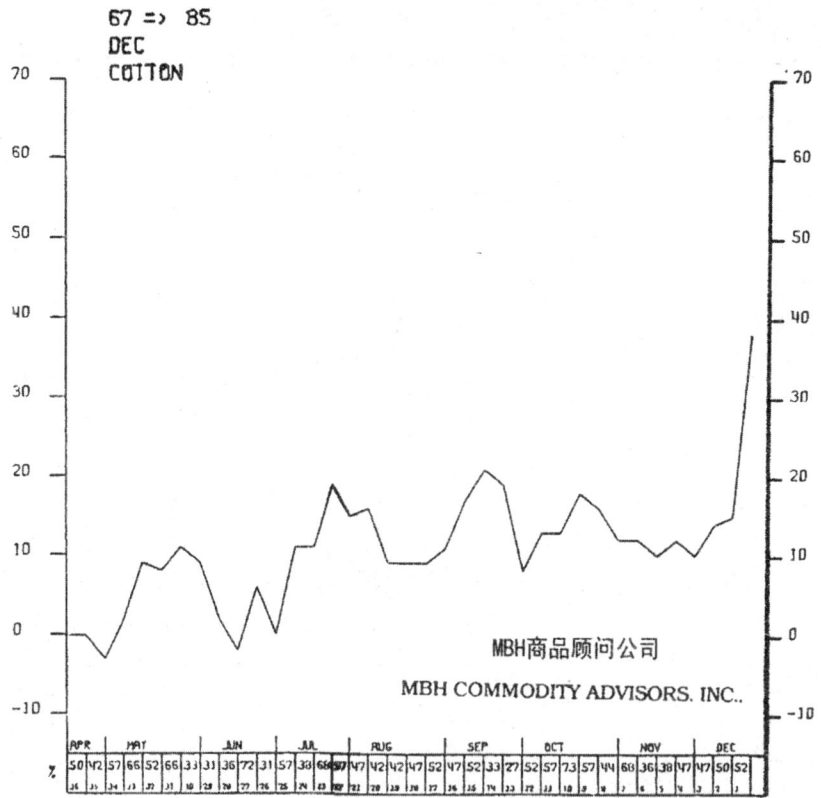

12 月期货似乎是所有棉花期货中最具有季节性波动特征的期货，12 月棉花期货在 4 月左右达到季节性低点，此后就展现季节性强势。大家可以看得出来，棉花的上下波动相当激烈。

目前的版本是用图表形式显示多种期货周而复始的季节性倾向，包括每种期货每年、一年中每周上涨或下跌的比率。发行人伯恩斯坦在序言中指出，遗憾的是，真正懂得从季节性研究之中谋取最大利润的交易者少之又少。投机者谈到某个季节性波动时，常常只是为了替自己建立的仓位辩护。如果自己的仓位不合季节性的研究结果，他又会到处找理由来解释为什么会有这种不同的现象，最后则是把季节性因素抛到一边去。

从策略性的观点来说，季节性考量是技术交易者工具箱里面一个很重要的工具。它不是个孤立的技术，也不能用来替代良好的系统或其他技术方法。但是它可以用来确认或否认其他技术交易方法的结论。在没有检查相关的季节性研究资料之前，我绝不贸然交易长线的仓位，这就像我一定会先翻翻钓鱼资料，才兴冲冲地跑去钓青鱼。2月份并不适合钓青鱼！

第 15 章
持有利润最多的仓位；平掉亏损最多的仓位

在我的记忆里，20 世纪 80 年代末的期货市场交易最困难、最令人沮丧。好的交易策略告诉我们，无论市场是涨是跌，都能得到利润。但在很多次战役中，我们却经历了同一个市场几乎同时上涨和下跌。不少趋势坚挺的上涨趋势，间歇性地出现剧烈的回调。短时间内价格快速下跌，不但破坏了上涨趋势，而且触及了投机性多头仓的止损点，迫使他们离场。等把做多的仓位洗出去后，市场又恢复上涨趋势。与此同时，不少空头市场也穿插着同样剧烈的反弹，反弹到很多空头仓位的止损点，把意志不坚定的持仓者也洗出去，接着盘面又恢复跌势。

由于反趋势的洗盘诡异剧烈，催缴保证金的压力总是迫在眉睫。每当接到那熟悉的带有透明小窗的信封，你知道是催缴保证金的，你该怎么办？这些年来，我与其他交易者有过无数次的交流，

第三部分
交易时机

也写过不计其数的信,谈的是应付保证金催缴通知书的策略。大体而言,面对保证金催缴通知书时,他们总是犹豫不决,每次做法也不完全相同,但大家都希望能找到一种可行的策略。

保证金通知书有两种形式:一种是新开户通知书,另一种是催缴保证金通知书。两者中,当然以催缴保证金通知书最为常见。交易所规定,接到新开户通知书后,要存入资金,不是平仓。但催缴保证金通知书既可以存入新资金,也可以通过减少仓位来应付。

当接到保证金催缴单时,大部分交易者都做了错误的决定。一般有两种选择,一是存入新的资金,另一个是减仓。如果选择减仓,那么要减掉哪个仓位呢?大部分情况下,我不建议别人存入新资金,以满足维持保证金的要求。这种催缴通知书中明显的信号是,你的账户表现不好,没有道理再拿钱去保卫这样一个不好的仓位。比较适当的战术是平掉一些仓位,免除追缴保证金的要求,并减低所冒的风险。但如果你为了降低风险而把仓位平掉,你的获利潜力和重新获利的立足点不就没有了吗?既要降低仓位,又要保持获利潜力,听起来好像是可望而不可及的目标,但我们事实上还是做得到的。那么该怎么做呢?你要做的事是用成功的场内交易者所知道的基本策略,而非用经纪公司投机者采用的那一套。凡是账面亏损最大的仓位,都应该平仓,特别是它们与趋势相反时,更应该这么做。亏损最大的仓位既已消除,你的损失风险自然会降低。但是,交易最成功的仓位一定要持有,因为这种仓位显然是处在有趋势市场正确的一边,这样获利的潜力就保住了。赚钱的顺势仓位与亏钱的逆势仓位比起来,前者获利的概率自然更高一些。

很遗憾,大部分投机者都会选择平掉赚钱的仓位,持有亏钱的仓位。他们的理由是:"总之,没有人因为获利回吐而破产。"但是,我们也不要忘记,没有人会因为一点蝇头小利而致富,尤其是在有庞大获利潜力的趋势市场中。赚取一点蝇头小利就沾沾自喜,未免可悲。提早平掉赚钱的仓位和持有亏钱的仓位,这种做法的代价太高,结果是毁灭性的。这是失败交易者的典型做法。相反,成功交易者的特点就是他们有能力,也愿严守纪律,把亏钱的仓位给平掉,同时持有赚钱的仓位。而且,虽然获利比亏损更有面子,但我们要知道,我们不是为了面子而交易。我们交易的目的是在合理的风险中赚大钱。根据这个原则,我们要关心的是整体的获利交易,而不要想方设法去证明自己是对的,市场是错的。

专业的场内交易者有一个很好的策略。这个策略是:在任何一个市场或两个相关的市场中,做多趋势最强的期货,做空趋势最弱的期货。这么做可以对冲风险,因为如果市场上涨,你做多的仓位表现一定会比做空的仓位好;如果市场下跌,做空的仓位表现一定会比做多的仓位好。还有附带的好处,如果这么做,需要缴的保证金往往能够降低,或者说,你以同样的保证金能持有更大的仓位。譬如,从1983年年底到1987年年初,芝加哥玉

| 第三部分 |
交易时机

米市场一直处于大空头趋势。相反，小麦市场趋势大致是上涨的，给了技术或系统交易者一连串相当可靠的买入信号。假如你得到了玉米市场的卖出信号，并在 1986 年 6 月做了一个空头仓。每 5000 蒲式耳的一份合约所需的保证金可能是 400 美元。接下来，假如你在同年的 10 月，在小麦市场得到买入信号，也因此做了一个多头仓。通常每份小麦合约的保证金是 750 美元。所以说，对每一份小麦（做多）和玉米（做空）合约来讲，你可能要缴 1150 美元的保证金。这笔钱吓倒你了吗？其实，对每一个小麦／玉米仓位来说，你根本不必投入 1150 美元，甚至连 750 美元（两个仓位中比较高的一个）也不要。事实上，只要 500 美元，你就可以建立仓位。我个人不太赞成用这么少的保证金，而倾向于交两个交易中比较高的金额（这个例子中是 750 美元）。但这还是有很大的杠杆作用，这一段时间内，小麦／玉米（跨期）仓位赚了多少钱，不是数学天才也算得出来。利润的表现方式可以是单纯的金额，也可以是所缴保证金的比率（请你自己用计算器算，我的计算器只有 7 位数）。这是个高难度的分析吗？也许是，但还没有难到不懂得在比较强势的市场（小麦）买入，在比较弱势的市场（玉米）卖出吧？！请参考图 15-1。琢磨这些跨期（或叫做跨月）交易时机的另一个方法是利用所谓的跨期图，如商品研究局每周出版的 CRB 期货图（见图 15-2）。在这里，把仓位看作是一种跨期仓位加以建立或取消，进出时机以价差为依据。譬如，在图 15-2 的小麦对玉米的仓位中，小麦高于玉米的价格从63美分扩大到1.05美元。在这42美分的波动中,如果你只抓住一半,那也有21美分的利润,相当于1000美元(扣除手续费后)或保证金的100%以上。

图15-1 1987年7月小麦和1987年7月玉米

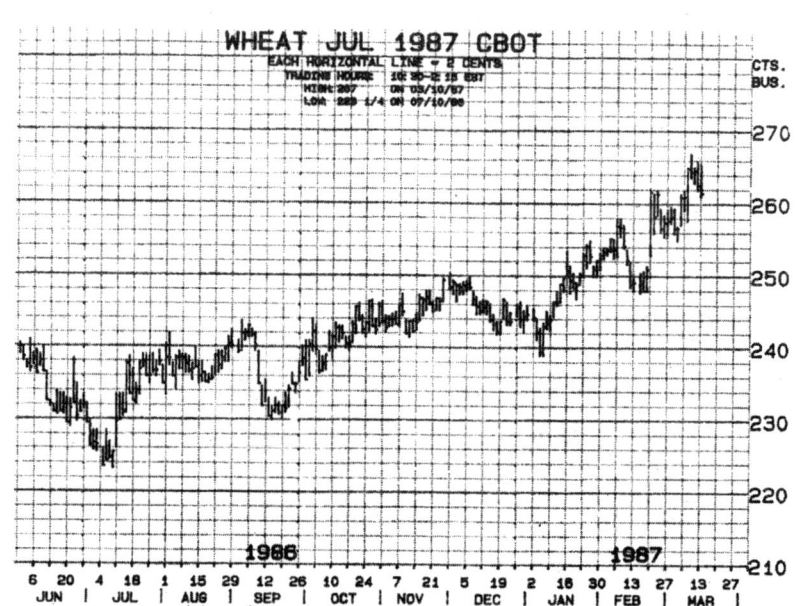

你可以买强(小麦)卖弱(玉米)。这是很多专业交易者寻寻觅觅的状况。这个方法获利潜力大,风险合理,保证金很低。这种机会每年都会出现,交易者必须提高警觉,时时留意买强卖弱的机会。至于进场时机,可以根据你有信心的技术或交易系统发出的信号,并根据这些信号获取每一个市场建立仓位的时机。

图 15-1 续图

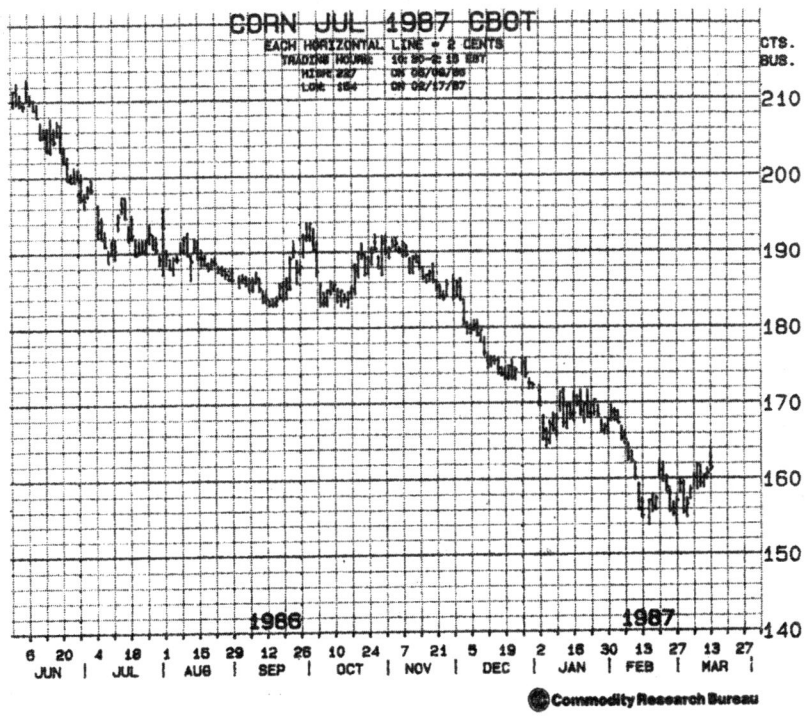

图 15-2　1987 年 7 月小麦对玉米跨期图

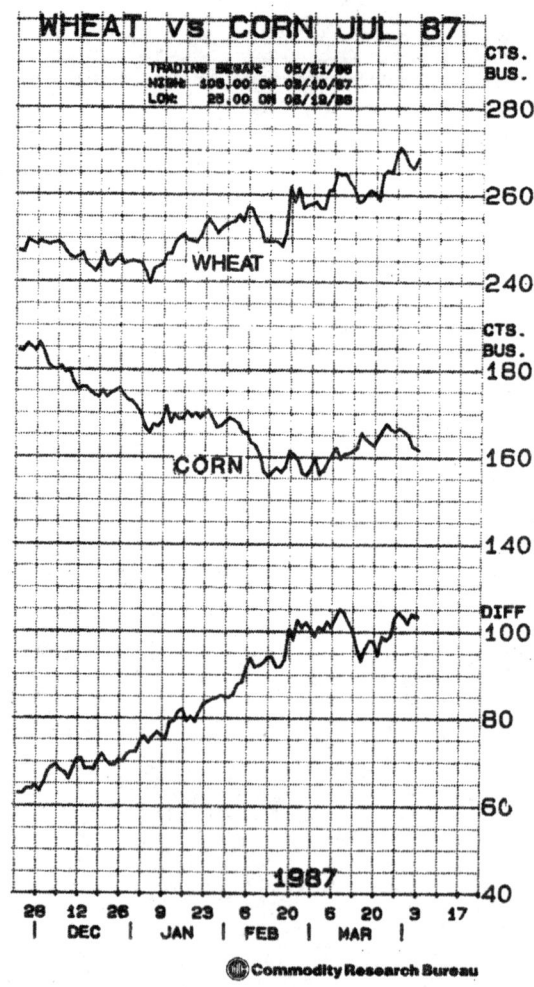

决定跨期（买强卖弱）交易时机的另一个方法，是利用跨期图。这种图包含很多相关的市场或同一市场上两个不同的期货。你可以根据价差决定是否进场，或者是否平仓。譬如，在小麦价格超过玉米 70 美分时，做多小麦，同时做空玉米，目前的价差扩大到 1.00 美元（你的仓位已有 30 美分的利润）。如果你决定在价差缩小到 90 美分时止损出场，那么你可以下这样的指令："在小麦价格超过玉米 90 美分时买入（一定数量）玉米和卖出（一定数量）小麦。"有了这么一个指令，不考虑毁损和手续费，你就把利润锁定在 20 美分。

这种买强卖弱策略的另一个层面是，给那些聪明的交易者提供额外的利润。很多大多头市场都有一个重要特征，那就是价格会倒置，或者称作倒置市场。在这种市场中，近月期货涨势比远月期货的价格涨势要凶猛，最后近月期货价格比远月期货高。造成这个现象的原因，是现货（近月期货）供给紧俏或者大家认为紧俏。交易者应该十分小心谨慎地观察这些跨月价差的变化，因为价格倒置，或者各期货月份的正常溢价显著缩小时，很可能就是一个非常重要的信号：多头市场正在酝酿之中。事实上，碰到这种价格（收盘价）倒置现象发生时，如果我手头上有多头仓，通常我会加仓 25%～50%。

此外，专业交易者都会密切注意价格倒置现象有没有成形。一旦有价格倒置的迹象（以收盘价为准），跨期交易者就会买入有溢价的期货，卖出有折价的期货。可以想象，玩这种游戏时，身手必须十分矫健才行，因为价格倒置的现象随时都会恢复正常。但是价格倒置期间，你却可以在合理的风险中得到不错的利润。

总而言之，不论你给这种策略取什么名字，必须留下获利的仓位，平掉亏钱的仓位，买强卖弱，做多溢价期货并做空折价期货。最重要的是你要知道这种现象的存在，准确地找出哪个市场强，哪个市场弱，同时必须持之以恒、严守纪律。

第四部分
交易实战

仓位要持有（用利弗莫尔的话来说，是坐得住）到止损出场为止。

| 第四部分 |
交易实战

第 16 章
J·L·利弗莫尔这个人

当飞机在劳德代尔堡西面盘旋时,下面墨西哥湾流和大西洋间明丽的色彩十分壮观。巨大的客机开始降落的时候,我整个人陷入椅背,想着这次趁圣诞节假期到佛罗里达钓鱼的真正目的。我渴望见到一位叫 J·L·利弗莫尔的同行。我到这里来,是因为他过去也常到这里来。

我可以想象 20 世纪 20 年代他在黄金岁月的模样,高个子、整洁、热情,坐在从纽约驶向佛罗里达快车的窗边。他心里期待着钓鱼,跟好友相聚,放松身心并深思。最重要的是,在华尔街和芝加哥的英勇战役之后,虽然时间短暂,也得休息一下。他的名字叫杰西·劳里斯顿·利弗莫尔。

这个世纪,不少才华洋溢或幸运的市场交易者都有过令人兴奋和嫉妒的平仓动作,赚了 7 位数字的财富(当然是小数点左边的7位数)。我自己也小赚几次,很幸运地能跻身于赚钱高手的行列。但是利弗莫尔这样的人,只有他一个。他艺高人胆大,买卖时严守纪律,计算精准,独自行动,从来没有一个交易者能超越他。

他于1877年出生在马塞诸塞州什鲁斯伯里的一个贫穷农家,是个独生子。14岁就出去找工作,在波土顿的一家经纪公司当行情看板填写员,周薪只有3美元。从这个不显眼的工作做起,再加上多年在东海岸的一些投机经纪公司交易小单的学徒生涯,这位沉默专注的年轻人成为20世纪头30年中最令人敬畏赞叹的市场交易者。

利弗莫尔的整个宇宙就是价格的波动(包括股票和商品)和他的最爱:精确地预测这些价格。那个时代最伟大的金融评论家之一爱德华·J·戴斯指出:"即使利弗莫尔不名一文,只要经纪商给他一点点贷款,把他关在只有报价机和电话的房间中,在市场活跃的几个月后,他又会再富起来。"

从1959年我在华尔街打拼开始,利弗莫尔就是我的英雄。我开始钻研价格分析和交易方法时,利弗莫尔就是我不曾谋面的教练和导师。与很多投资者一样,他的战术、策略和市场哲学对我影响很大。

"市场只有一个方向,不是多头,也不是空头,"他曾写过这么一句话,"而是正确的方向。"(埃德温·李费佛,《股票大作手回忆录》,格林威尔出版社1923年版,1985年再版。)这个基本

| 第四部分 |
交易实战

理念已经深深铭刻在我心底，难以磨灭。每当看到有人长篇大论，言不达意，过分关注争议，而不谈务实的市场分析和策略时，我就会想到这句话。

与大多数交易者一样，我也常常面临要保留哪个仓位，平掉哪个仓位的决定。在这方面，利弗莫尔通过评述他自己所犯的错误，精辟到位地给我提供了建议。"我竟然犯了这样的错误，棉花亏了，我还留在手里。小麦赚了，我却把它平掉了。在所有的投机错误中，摊平亏损是很大的错误。亏损的都要平掉，盈利的都要留着。"（利弗莫尔，你也会犯错呀？）

不过，利弗莫尔留给投资者最重要的遗产是关于投资目标的整套策略。在交易者越来越依赖强有力的计算机和相关软件的今天，甚至没什么经验的交易者也常根据不断跳动的计算机图形在短线进出，他们很少自己研究策略。因此，利弗莫尔的策略尤其重要。

请注意领略利弗莫尔的智慧：

在华尔街打拼多年，赚了几百万美元，也亏过几百万美元之后，我要告诉你这些。我能赚那么多钱，靠的不是我的想法，而是我的"坐"法。听懂这句话吗？我一直坐得纹丝不动。看对市场正确的一边，根本不算什么大本事。我们总是能看到多头市场里面有很多人很早就做多，空头市场里也有很多人很早就做空。我知道有很多人在恰到好处的时间做对了恰到好处的事情，他们开始买入和卖出的价位，正是最能赚钱的价位。但是他们的经验总是与我一样，也就是说他们根本没赚到钱。能够做对而且能坐住的人才是高手。我觉得这是最难学的。但是市场交易者只有真正懂得这一点，才能赚大钱。交易者懂得了怎么去交易，赚几百万美元易如反掌，而且比他在不懂得交易时赚几百美元还容易。

利弗莫尔最重要的智慧却包含在下面这句话中（我总觉得这句话不仅仅指市场交易——也许那正是人生的哲理）："对我来说，亏钱是最小的麻烦。认亏之后，亏损再也不会困扰我。做错事——不认输——才会伤害钱包和心灵。"

很遗憾，我的佛罗里达钓鱼之旅太短暂了。一周后，我又回到了忙忙碌碌的纽约。在垂钓等着大鱼上钩的时候，我不断想起利弗莫尔和他到佛罗里达钓鱼的情景、他的策略以及他那深邃的市场智慧。虽然他钓到的鱼比我多，但是有件事我一定比他强，那就是我可以研究和享受他的著作和文章，他却没有这方面的著作做参考。

| 第四部分 |
交易实战

第 17 章
市场无好坏之分

20世纪80年代初的很长一段时间,合理避税是金融界和联邦政府最关心的话题。一方面,国税局和国会重点收紧和消灭法律漏洞。事实上,1981年的《经济复苏法案》已经禁止了大量合法避税公司的核心做法。一些既有的做法(如税收套利和税收移转)都不能用了。投资者不能再把税负延付一两年让短期资本收益变成长期资本收益了。

相应的,金融界的很多人(包括经纪公司、场内经纪人、会计师、律师和大投资商)花了很多时间和金钱,想方设法创造可行的新的合理避税方法,以取代政府明令禁止的老方法。

我们这些商品交易者无意中创造了大量完全合法、无懈可击的避税方法。事实上,这些避税方法确实合法且单刀直入,结果却十分伤人——从字面上讲。我讲的是在这个高杠杆效应、瞬息万变的市场中如果押错就会亏钱，而且是大亏。

这些避税方法发明者的名单中，我也是其中一员，其他还包括很多同行，他们大部分是专业交易者，有多年的成功纪录。我们本应该做得更好！

投资者赚钱的时候，总是会说自己技术高超，洞察力敏锐，进出时机掌握的恰到好处。等到亏了钱，又说市场太恐怖、不稳定、过分波动。我们甚至听到有人怪罪到全球资金流动性不够，利率前景不明，政府赤字太大。还有人归罪于月相和太阳黑子（别笑，有人就这么说过），裤脚反边的宽度不对，裙子底边大小不理想。这种心态难道不奇怪吗？

我们为什么不能坦承自己对市场趋势看走了眼，交易时机不当，或者市场战术不对？只有采取务实态度，我们才有办法找出自己错在什么地方，怎么错的，下一次要怎么做才能避免再犯错。

期货市场的一个普遍真理是：除了一些偶发和短暂的异常时期外，市场和价格趋势本身并没有好坏与对错之分。更明确地说，有好坏与对错之分的是投机者本身。自古以来，精明成功的投机者都发现了这个基本真理。而且这句话还可以回溯到久远的年代。商品买卖和有秩序的商业活动至少有 5000 年的历史。基督教产生之前，按照一定规则运行的活跃的商品市场就存在于中国、埃及、阿拉伯和印度。即使在那个时候，赚了钱的人也可能说市场很好，亏了钱的人则说市场很坏。

因此，1983 年年中到 1986 年这段时期，市场应该说是很好

第四部分
交易实战

了。在这段时期内，绝大部分投机者、经纪公司和投资报告都大错特错，他们都没抓对大部分市场主（下跌）趋势的方向和波动的幅度。用简洁的美国话说，我们在应该左拐（卖出）的时候，却右转（买入）了。见图17-1。

图17-1　CRB期货价格指数（长期周线图）

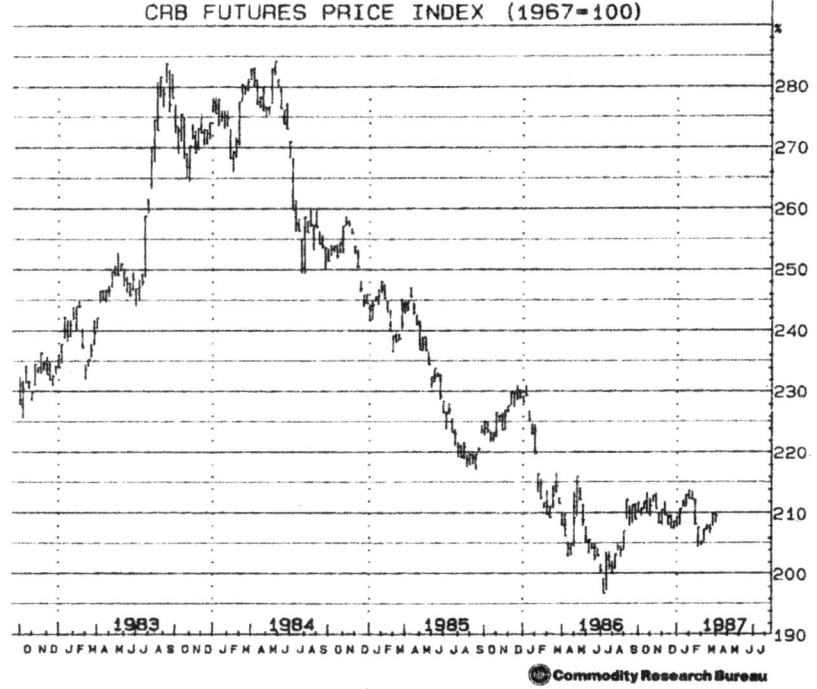

1983年年中到1986年年中，市场明显下跌，大部分投机者还在做多。每个月结算下来都是亏损的。以客观和严守纪律的态度面对主（下跌）趋势的赢家，抱着所有奖品回家。他们的月报表是盈利的。

绝大部分交易者选了错误的一边,并把亏损怪罪到"疯狂的市场",但是赢家——一直用严守纪律和以客观态度顺势(下跌)交易的人却深信这个市场实在太好了。同样的市场,大家对市场好坏的看法却截然不同。

事实上,在波动起伏、似无目标、意外的反转、反转又反转的市场中,严守纪律和保持客观的态度比以前还重要。我们都被市场毒打过,但是你千万不要被市场惹得火冒三丈或失去勇气。1984年初,我建立了一个很大的国债仓位,在严守纪律的情况下被洗出了市场。那时,我从2月起就做空9月国债,利润不错,但见到6月国债一枝独秀的强势,我失去了勇气。事后回想起来,这真是奇怪。我应该知道,像肉类或某些谷物市场,到期月份才有所谓的轧空行情,但是国债怎会有呢?无论怎样,见到6月现货展现的凌厉强势,我退缩了,把整个9月空头仓全部平仓,隔天才发现行情大跌,9月期货一开盘就跌了20点,每份合约500美元。很可惜,当时我还没学到买强卖弱那一招,在当时应该是很有效的。但比过早止损退出空头仓的事情更糟糕的是,我被自己不守纪律的做法弄得心神不宁,以致在9月10日错过了一个很好的买入信号。根据这个信号买入的话,整个上涨波段可以赚到5500美元,而我连一分钱也没赚到。

在这些困难的年头里,还是有很多头脑清醒、严守纪律的技术交易者,账户每年增值20%~40%,他们反倒认为那是不错的年景。从对和错的角度来说,交易者必须面对的心理问题是,两种基本人性情绪的下意识地交互出现，也就是希望和恐惧此起彼伏。交易者甲顺着主趋势的方向做多大豆，而且坐拥利润。第一次回调时，他害怕市场反转，他就会失去本来的利润。相反的，交易者乙逆主趋势做空大豆，发生不大但不断增加的亏损。他会持有亏钱的仓位，希望主趋势会反转（也许不会，至少在他仍做空时不会）并就此开始下跌。与此同时，市场继续上涨，亏损继续增加。这里我们出现的是希望和恐惧两种基本情绪，但却是180度转向。甲拥有赚钱的顺势仓，应该持有不放才对，希望有利的市场趋势能继续给他锦上添花。另一方面，乙持有亏钱的逆势仓位，应该平仓才对，因为担心不利的市场趋势会继续下去（就跟往常一样），亏损会继续增加（也跟往常一样）。

矛盾的状况比比皆是。成功的交易中有一件关键要素，就是交易者对好市场和坏市场的反应方式；也就是赢和输的方式。乔·克莱恩是他那个年代最优秀的场内交易者之一，飞黄腾达的事业生涯前后长达50多年，足迹遍及纽约和芝加哥的期货交易所。他简洁地说："任何人都可以是英雄，只要他大手笔做多，而市场也急剧上涨，甚至有些日子以涨停收市。但是，真正的专业人士的标志在于，他落后时是怎么玩的；市场对他不利，他看起来再也站不稳时，他的一举一动值得我们注意。"

乔·克莱恩应该知道他们是什么样子。今天的优秀场内交易者，往往集中全力在一个柜台或交易所，克莱恩与他们不同的是，他常年四处奔波。从20世纪40年代到60年代，他在棉花交易所的小办公室的桌子下面总是放着一个旅行包,有事时马上提着上路。如果大豆或小麦市场开始跳涨,而且克莱恩的图告诉他,必须认真玩一玩时,他就会拎起旅行包,坐辆出租车到拉瓜迪亚机场,坐下一个航班到风城。第二天早晨,乔·克莱恩踏进大豆交易柜台时,芝加哥期货交易所的人一点也不会惊讶;毕竟,那是采取行动的地方。

克莱恩关于赢和输的说法,究竟意味着什么?一个交易者是否专业内行,其真正的考验(这也适用于其他任何专业领域)在于他们如何面对困难。我见过很多趾高气扬、不可一世的投机者,他们上对了动能十足的单向市场(通常是上涨市场),积累了庞大的账面财富,一旦市场转而下跌,不仅原来的财富转眼成空,而且还倒贴了老本。真正的专业交易者的标志在于他们忍耐的力量——他们能够渡过不可避免的逆境,最终成为翘楚。

当然,交易不顺时感到沮丧是人之常情。即使你极力保持客观态度和严守纪律,任何一笔交易还是有转坏的可能。我们都经历过这样的事。我发现,应付这种时刻的最好方式,是远离市场,待在场外,直到自己头脑清醒,态度变得积极为止。当你回去的时候,市场还会在那里。讲到这里,我不禁想起一个有关19世纪著名棉花交易者迪克森·华茨的故事。一位交易者请教华茨,他所做的仓位规模让他夜不能寐,究竟该怎么办?华茨的回答一语中的,"那你就卖到你能够安睡为止。"你是否也曾因为期货仓位而睡不好觉?你是否曾把它们卖到自己能够睡个好觉为止?

| 第四部分 |
交易实战

第 18 章
一定要控制风险，限制亏损

期货交易者如果能好好想想理查德·丹尼斯说过的话，交易起来一定会更顺利。理查德·丹尼斯是大家公认的当代最成功的交易者。这个人所获得的利润中绝大部分来自5%的交易。别忘了，我们这里所说的利润，跟电话号码的位数一样多。

大部分投机者都用一堆机械化和计算机化的工具，帮他们找出趋势和进出场时机。他们花了很多时间盯着屏幕上的报价，研究从简单的直线图或点数图，到多维空间的移动平均线组合和诸如 RSI、DM 和 R^2 之类的新奇指标在内的价格图形。即使那些快速闪动的即时报价趋势图，交易者也可以预先设定好要 30 分钟或60 分钟的条形图间隔，还是要小到 3 分钟或 5 分钟的间隔。

但是，也许听了我的一番话，你就会把这些纸上的或是电子协助工具放在一边，转而把注意力集中在丹尼斯颇有趣味的话——他绝大部分的利润来自于5%的交易。

丹尼斯到底是如何找出趋势和进出时间，与我们的讨论不一定有密切的关系，更何况他的方法属于个人秘密，是不公开的。但有一件事并不是秘密，他把优秀的资金管理和交易策略与他所画的图表或计算机技巧看得同样重要。这一方面，我们大部分人都能从中得到一些教训。

在计算机普及和功能强大的软件上市之前，交易者只能依靠自己的经验和记忆，运用自己的智慧解释价格趋势图或基本面资料。决策过程往往要用到个人本能、直觉或者纯粹的第六感。成功的交易者能够产生一种"化学作用"，把这些主观技巧和技术上的长处结合在一起。任何一段期间内，他们的交易成绩如何，要取决于以上所说各种因素的合成状况，再加上每个人独特的资金管理方法和投资策略。

每个玩家都有自己的一套风格和方法。几乎可以说，有多少人就有多少种不同的风格和方法。这些策略既有"别把所有的鸡蛋放在同一篮子里"（一次投资6个、8个或更多的市场），也有巴鲁克常被引用的名言"把所有的鸡蛋都放在同一个篮子里，但一定要小心看管"。事实上，我在1975年"退休"以前，投资策略的特征就是把所有或大部分的蛋都放在同一个篮子里，不论篮子里装的是铜、小麦还是糖。有时候这个做法能带来可观的利润。

第四部分
交易实战

毋庸置疑，与其他所有著名交易者成功的关键一样，丹尼斯成功的关键之一在于，他们有能力控制亏损，把它们限制在可以接受的范围内。好了，你可能要问，为了控制自己的损失，到底什么才叫做可以接受的范围？听到这种问题，我的瞬间反应是：把你所有的账面亏损限制在你晚上能安然入睡的范围。很显然，一旦任何仓位的损失大到影响你的睡眠，你的工作绩效或者你的私人生活，那么这种损失都太过分，需要把仓位减少或者平掉才行。但是我们实际见到的情况并不是这样。我见过不少人在汽车经销商那里花几个钟头砍价，为的是买车时省下几百美元，但在期货市场亏损了几千美元，还是勇往直前，毫不退缩。显然，我们必须保持某种客观和务实的态度，知道何时要忍痛砍掉不利的仓位。首先，我要指出，决定何时结束亏钱的仓位时，单靠交易者个人对那个仓位能否维持长久的看法如何来判断，是最不用大脑的方法。交易者觉得某个仓位有获利潜力，或者那个仓位没有希望，应该放弃，甚至平掉后反向交易，这二者之间并没有什么差别。很少有交易者、专业人士或其他聪明人有资格做这个决定，因为这必须先假设他们有能力预测下周或下个月的价格。没有人能做到这一点，所以我们必须用完全客观的态度来做决定！要做到这一点，有个方法，就是用各交易所规定的保证金的一定比率，决定任何仓位的容许风险。比如说，你可以把损失限制在保证金50%或100%内，此外，一旦仓位有不错的利润，那你就要开始依某个预定的公式继续移动止损点。这个方法有很强烈的理论依据支持,每个交易所对它所交易的商品都规定有一定的保证金数额,这个数额通常与每个市场的价格水准和波动性有关,从而间接地影响获利潜力。

譬如,由于交易所规定的小麦保证金是750美元,玉米是400美元,你所承担的小麦仓位的风险就是玉米仓位的两倍。此外,我可以预计小麦价格的波动会是玉米的两倍。

按照这种方式设定止损点,还有另一个很好的理由。你一定想把自己的止损点设在远离绝大多数经纪公司和投机者们设定的所谓合理的图形点之外。大家一窝蜂所设的止损点,常常成为贸易商和当地大户的攻击目标。1987年5月的咖啡豆期货就是个很好的例子。那时候,咖啡豆期货在1985年年底于2.60做头反转之后,进入了大空头市场。从1986年6月到9月跌势暂缓,大致呈现横盘整理,介于1.65到2.00间波动。到了8月底,一大堆空头止损点集中设置在收盘价2.00之上。这个事实没有逃过交易大户的注意。因此,在9月22日那一周,市场"突然"有专业性买盘大量介入,价格涨到2.07。啊!所有做空的人纷纷止损。这些止损单被清理以后,很多交易系统和投机性仓位转多之后,买盘"突然"减少。接下来,专业性卖盘突然大举杀出。当然,市场又恢复空头趋势,价格暴跌到1.00。这就是典型的空头陷阱(见图18-1)。

图 18-1　1987 年 5 月咖啡豆

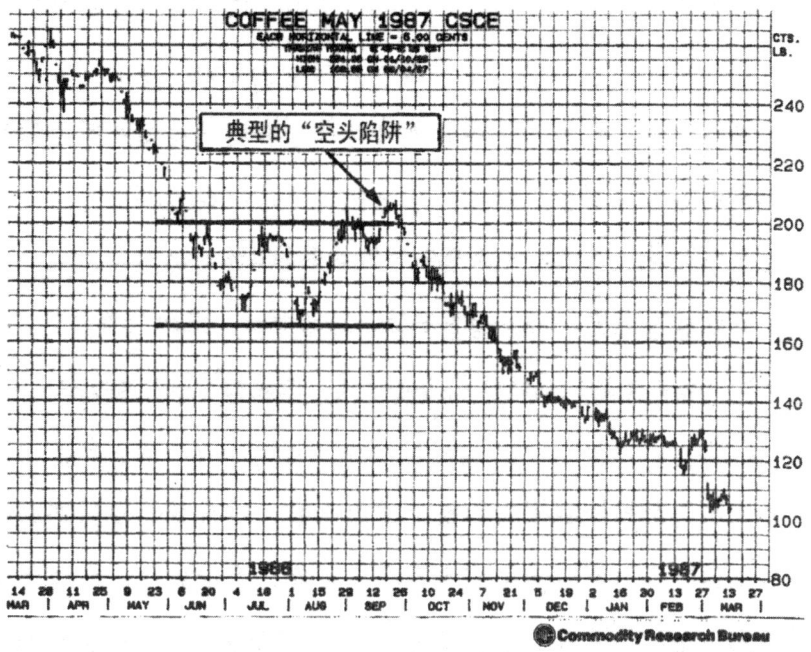

这个图说明了典型的空头陷阱。3 个月的横盘盘整期间（1.65 ~ 2.00），空头趋势暂时缓和，业内人士察觉到投机性空头所设的买入止损点大量集中在 2.00 上方不远处。于是，在 9 月 22 日那一周，市场发现专业性买盘突然大增，把所有的买入止损点洗掉，并使趋势跟踪系统反转，投机性仓位转而做多。这些买入止损洗掉之后，买盘"突然"萎缩，专业性卖单"突然"大举杀出，重创市场，价格暴跌到 1.00 左右。

罗伯特·莫斯是芝加哥的另一位专业人士，提到这个人，大家就想起芝加哥期货交易所里的 C 期货和 D 期货。下面就是莫斯的交易策略。

让利润自行滋长，别担心浮动利润。该担心的是如何把损失降到最低。

任何交易，我都不肯让损失超过本金的 4%。

在我的交易中，5%～8% 赚钱，10% 打平，其他的都亏钱。

5 个交易日里，我往往是两天赚钱，两天打平，1 天亏损。

交易者必须控制损失和整个进出次数，还有其他很强烈的理由，而这些理由都与交易成本有关。首先，无论盈亏，你都要付手续费。假如你来回交易一次的手续费是 50 美元，500 美元的利润就只能净赚 450 美元，500 美元的亏损则要共损失 550 美元。的确如此，我见过很多交易频繁的交易者，一年的手续费加起来就相当于本金的 100%。每年他们必须有 100% 的利润才能打平。我们不是该从这个角度来思考吗？其次，亏了钱要扳回损失，比当初产生亏损要困难得多。假如有位交易者，原始本钱是 3 万美元，亏了 1 万美元，相当于亏掉 33% 的本钱。现在他只剩下 2 万美元，为了赚回到原来的 3 万美元，他的账户必须设法增加 1 万美元，也就是要增值 50%。他原来只亏 33%，现在必须赚 50%，才会有原来一样多的钱。如果再把手续费成本考虑进去，情况会更糟，因为无论盈亏，交易都要收取手续费。你也可以自己再算出其他的输赢比率，不过那可不是为了好玩。

好几年前，为了拟定某些交易策略，我对客户多年来的交易方式做了个调查。结果很一般，也没什么奇怪的。接着我重新设计，只针对他们的一个交易因素进行研究。如果用某种客观的公式，把损失局限在一定限度内，譬如，规定损失不能超过保证金的45%，那会有什么样的结果呢？毫无例外，交易成果有了大幅的改善：我比较了那些用这种"45%原则"平掉的仓位，以及那些没有用这种平仓止损，而后形势逆转并产生利润的仓位。你不妨自己判断一下：

1.新英格兰地区的一家金属制造商投资了一个10.5万美元的交易账户，9个月后不但老本全部亏掉，还多损失了3万美元。分析这家公司的交易情况，发现总共有35笔交易，其中12笔赚钱，23笔不赚钱。问题还是出在这里——它的惨败在于平均每份利润只有1799美元，平均亏损却有6844美元。这很可怕，不是吗？如果这家公司每做一个仓位就把损失限制在保证金的45%之内。全部的损失便会只有9232美元，而不是实际发生的13.5万美元。如果真的像我们所说的那样做，它的平均每份亏损金额会是1340美元，而不是6844美元。这不是有天壤之别吗？

2. 为了免除你误以为大亏损只会发生在公共交易者身上，不妨来看看另一个例子。这个例子中的当事人是欧洲一家极为老练精明的私人银行，银行指定的交易者总是拍电报给我在芝加哥和纽约下单子。刚开始的资金是10万美元，13个月后，钱只剩下5.45万美元，于是银行解聘了交易者，放弃投机性交易。这13个月内，该行的14笔交易里，只有3笔是赚钱的，平均每份合约获利少得可怜，只有255美元，平均亏损却高达4156美元。这是不是很不可思议？要是该行把亏损限制在45%内，整个损失会只有6719美元（每份合约634美元），如果后来能抓住好趋势并获利，也许还能继续交易下去。

3. 将这两位交易者的成绩和一笔小额基金的成果比较，我们可以得到很重要的启示。这笔基金开始的时候只有1.8万美元，18个月后，资本增值到13万美元。它总共交易了230笔，其中150笔盈利。更重要的是，平均利润是每份合约1020美元，平均损失则只有515美元。

以上故事的结论不言而喻。前两个交易者逆着主趋势交易，而且没有认真限制不利仓位发生的损失。第三个例子中的基金则十分注重纪律，顺着当时的主趋势走，并严格遵守把损失降到最低的策略，让利润越滚越多。他们依一定的规则行事，从最后的结果可以看出这一点。

| 第四部分 |
交易实战

为什么要"砍掉亏损,让利润奔跑"

	金属制造商(美元)	欧洲银行(美元)	私人基金(美元)
原始资金	105000	100 000	18 000
净利润(净损失)	135 000	45 000	112 000
盈利交易所占比例	34%	21%	65%
平均利润	1799	255	1020
平均损失	6844	4156	515
平均损失(如果限制在保证金的45%内)	1340	634	——
一共损失(如果限制在保证金的45%内)	9232	6719	——

谈到控制和限制损失,很多经验丰富的交易者都喜欢把交易策略比做下棋策略的某些方面。譬如,下棋者必须肯牺牲某些棋子,以求获得某些战术上的优势,或者保全其他更有价值的棋子。下棋者会不肯牺牲象和车去吃对方的王后吗?从这里推论,从事投机性交易必须牺牲逆势的亏钱仓位,保全顺势的赚钱仓位。紧抱和保卫亏钱的仓位没有道理,以同样多的钱,你可以拿去保卫和增加赚钱的顺势仓。下棋另一个可以用在投机性交易上的策略,是白求胜,黑求和。这是什么意思呢?两个旗鼓相当的下棋者对弈的时候,白子先走,所以应该能占优势,所以他必须讲究攻击

力，以求胜利。相反，黑子一开始就处于劣势，通常必须采取守势。除非白子犯下过失，把优势让给黑子，否则黑子会一直处于守势局面。所以黑子如能求和就很满足，只能期望在下一盘中改下白子，再采取攻击性和求和的策略。

这个比喻与期货交易有什么关系呢？如果你有顺势仓（相当于下棋的时候先攻），你就处于优势，应采取攻击性的策略求取大赢。这种情况下，你就持有不放，跟着主趋势走，不必急着获利了结，赚取蝇头小利。但如果你持有的是逆势仓（相当于下棋时后下的一方），你就处于守势，如能全身而退，不发生任何损失，那就属于万幸了。如果你偏不信邪，硬要等着趋势反转，对你有利，让你大赚，那未免痴心妄想，太没道理了。如果你能打平，不亏不赚，那就赶紧收拾仓位出场。顺势仓赚钱的概率比起一厢情愿不利的情况，获利机会要高出很多。

1986年底，我在瑞士法郎市场上首先试用了这个策略。那一年，瑞士法郎强势下跌，直到3月（见图18-2）跌到51.00（基期12月期货），再转而向上。呈现在眼前的是大多头市场，价格一路上涨到10月初的62.00。我两次进场做多，并在技术性超买的情况下，在61.00上方一点一点地把最近一次的仓位平掉。平掉之后，价格继续强劲上涨，我认为涨势还没结束，这时也不急着再进场，只在场边观望，等着下次急剧回调时伺机再做多。

图 18-2　1986 年 12 月瑞士法郎

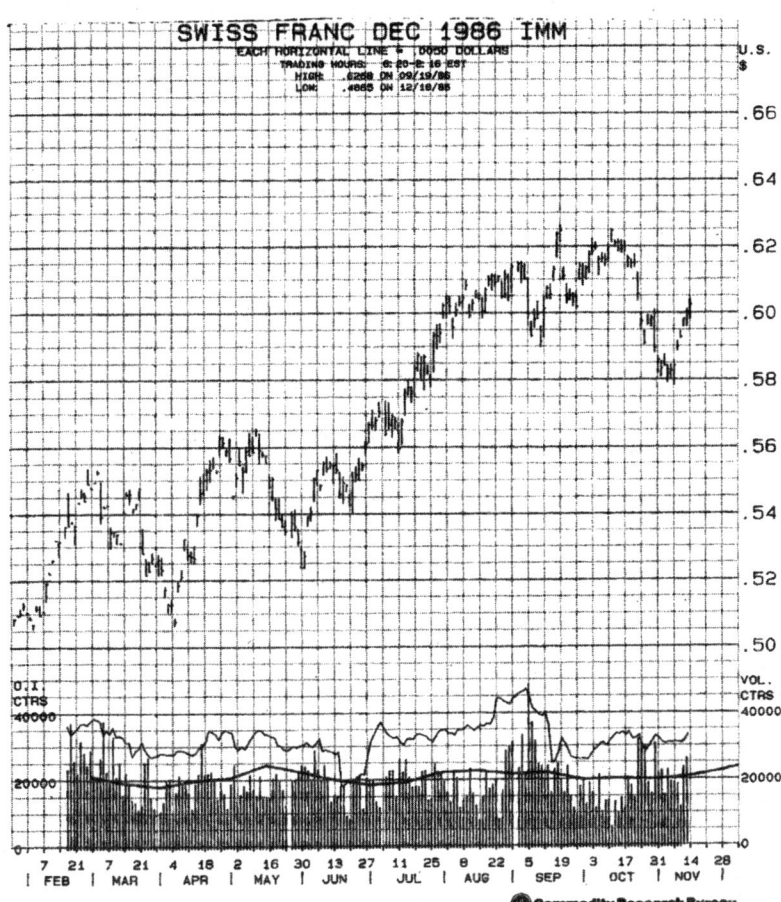

11月3日那一周，市价跌破59.00的双重底支撑，破了上涨趋势线，使技术系统转而发出空头信号。这次回调在58.00找到支撑，在接下来的反弹趋势中，我在59.50平掉了多头仓。目前我在场外。

跌势走完之后，价格转而向上，12月19日技术指标发出信号，说新的上涨趋势出现。这是个适时的信号，因为在12月期货到期之后，上涨波段仍在800点。

可是要在哪里下买单呢？我估计59.00（12月基期）的双重底附近有良好的支撑，于是静静等候我觉得一定不可避免的技术性回调。我没有等多久，10月27日，价格掉到我的买入区域，我就买了。我的好运持续了两天，价格反弹了100点。但我失策了，没想到"那些人"一定发现我刚买入，等着痛宰我一顿。6天后，我的损失达到100点（每份合约1250元，而且我的仓位还很大），而且依市场趋势来看，所有合理的支撑都已跌破，现在只剩下全速下跌一条路。太震撼了！我意识到自己突然遭遇期货交易者一再出现的窘况——狼狈不堪。

随后几天，很多心急的客户打电话来问"出了什么事？"他们焦虑地询问，提醒我最好拿出可行的办法来处理这个状况。于是我转向一个可靠的靠山求援——已经用了约4年，有长短期图形和趋势跟踪计算机交易系统的画图板。一点问题也没有，趋势显然转而向下。市场普遍弥漫着浓烈的看跌情绪。价格跌到58.00，恰好是上一次上涨波动回调40%的地方。我估计这个支撑区会有某种技术性反弹，如果可能的话，会到58.00，我可以在59.50的阻力附近平掉全部仓位。

这么一来，这次交易就算打平了。有人可能要问，这么大的仓位不求胜，只求打平出场，这是什么交易策略？为什么我不等着获得利润再说？我当然希望能赚钱，但情况似乎不允许，这就是原因所在。虽然我想尽了办法，只往主趋势所走的方向建立仓位，但是市场波动那么激烈，哪能次次如愿？再说，你建立仓位的时候是顺势的，但很快就发现它反转了。碰到这种情况，最好的做法是尽快平仓出场，把亏损降到最低。如果你能全身而退，毫发无损，那就可说是很幸运了，还求什么？但还有一种情况，那就是等你平仓出场，市场又马上转回原来的趋势，显示你平仓之举是多么不明智的做法。这种情况自然叫人吐血，但是我们不妨把它看做是这场游戏的风险之一，你可以学着去适应它。而且，即使你退出太早，你还是有机会带着清晰的头脑再伺机进场，找一个更有利的机会。这个机会对你顺势仓的利润有利，也是你应该全神贯注和资金的地方。

我的瑞士法郎仓位现在是逆势，价格已经穿越了上涨趋势线和59.00的支撑线，因此我决定平仓。由于我估计价格会反弹到59.50，所以就把它设定为卖点。虽然如此，我还是有个低于市价的止损点，也就是在57.40左右。作为万一反弹失败的救命点。11月10日和11日，瑞士法郎果真反弹到我的卖出区域，我也照原定计划做了该做的事。一次不亏不赚的交易就此完成。我会担心市场再次反转向上，爬到新的高峰吗？一点也不担心。我是在考虑了各种状况之后，才做了该做的事情。我想起小时候看到早期著名棒球投手萨袭·佩奇的一句话，直到现在还印象深刻。佩奇说："别往后看，可能有人要暗算你。"事实上，在11月打平之后，市场确实翻回强劲的多头趋势。警觉性高的技术交易者有机会再回到多头阵营，很多交易系统在12月19日发出了买入的信号，就是个很好的机会。

苏格兰有句名言："你管好小钱就行了，大钱会自己照顾自己。"也许投机者可以这么说："你管好亏损就行了，利润会自己照顾自己。"

| 第四部分 |
交易实战

第 19 章
抓住超级行情的激动

有些交易者可能会有这样的经验：日元或瑞士法郎，或者是债券期货或其他金融期货连涨一个月，让人兴奋不已。我要说的是，作为务实的交易者，重点是关注如何赚钱，不是关注兴奋或者个人情绪。我们到底是从大豆上面赚到大钱，还是从糖上面赚到大钱，其实都没什么关系。重要的是我们确实赚到了大钱。虽然如此，所有的金融期货加起来都不能让人产生那么大的激情，只有大豆的大涨大跌，才有令人暂时停止呼吸的感觉！

我在华尔街第一次玩得大呼过瘾的事发生在大豆上面，1961年的芝加哥多头市场。这个市场具备了所有的条件，让美林公司的新员工印象深刻。当时我刚接受了 6 个月的培训课程，来到芝加哥。虽然美林公司花了不少钱教给我金融行业的所有知识，我的知识储备里的其他产品与期货市场表现相比还是相形失色。我走进我的业务主管和导师萨姆·马斯勒的办公室时，我知道自己已经上钩了。我自我介绍："您的商品专员前来报到。"简短的交谈后，我们又谈了很久，而且几乎都是他在讲话！他试图消除我脑中一些疯狂的想法。但我十分固执，他大概可以感觉到，这位27岁的新业务员还是很有决心的。大约20分钟后，我离开了他的办公室，走马上任，当新的商品专员时，心里很激动。

这些年来，每当大豆市场沸腾不已的时刻，我总要坚持到芝加哥期货交易所待上一两天。那幅奇观让我百看不厌，也许没有一个交易所像这里有那么激情的演出。我印象深刻的一次记忆曾惊讶地看着某经纪公司一位年轻的场内经纪人在价格狂跌的时刻，带了一笔很大的买单，跑到大豆柜台前。当时价格似乎要暴跌到无底洞，他的买单是唯一的买单。他的行动十分迅速和猛烈，以创纪录的时间买入了100万左右的大豆。几秒钟后，他十分吃力地走下大豆柜台前乱成一团的台阶，走到他公司相当安静和安全的电话亭。一大群叫卖的人跟在他屁股后面，扯歪了他所穿的场内交易者夹克。他还没回过神来的时候，夹克上的两只袖子已经不见了。但大家还是不肯放过他，抢拉着那件已经破烂的夹克，高喊并打手势，希望那位年轻的经纪人买下他们想卖的所有大豆。我永远忘不了那一天——我敢说他也忘不了。

1975年，在期货市场冲锋陷阵16年之后，我自己亲自战斗的次数太多了——有过大赚，也有过大亏。我在市场中大显身手，也在很多市场尝过败绩。这些市场有农产品、肉类、软商品和金属。那时我41岁，不管是个人还是金钱上，都已达到目标，觉得自己需要一段长时间的休息，放松身心。所以我销声匿迹了5年。这段期间内，我读书、写作和旅行。我试着把期货市场完全抛诸脑后。但每当我听到大豆市场又有行情，总是觉得脉搏加快，太阳穴充血，焦虑刺痛心头。这种感觉浸入血液。

1983年8月，我回到华尔街，马上跑到芝加哥期货交易所，向大豆之王膜拜。当时，市场又让很多专家困惑，因为价格在完全出乎意料的时间一飞冲天。1月到4月有温和的反弹趋势，2月间曾短暂回调，稍事喘息（又是2月小憩）。4月的涨势在7.20受阻(基期1984年3月期货)，然后溃败，连跌10周，跌到合约期新低价6.20左右。空头市场成形，对吧？错！这一段大回调之后，7月第1周左右，大豆市场发动了温和的上涨趋势，只持续了11周。但就在这短短的11周内，价格涨到9.90，只要1500美元的保证金，就能赚到1.8万多美元。这一段可谓是大行情加超级利润！而且，在这段多头趋势里，特别是在9.00之上，涨势之锐利，密切注意芝加哥大豆的人都说："大豆破10美元指日可待。"实际情况倒是没有那么多；价格接近10.00美元（基期3月期货）就掉头反转，随后几年则节节败退（见图19-1）。

图 19-1　1984 年 3 月大豆

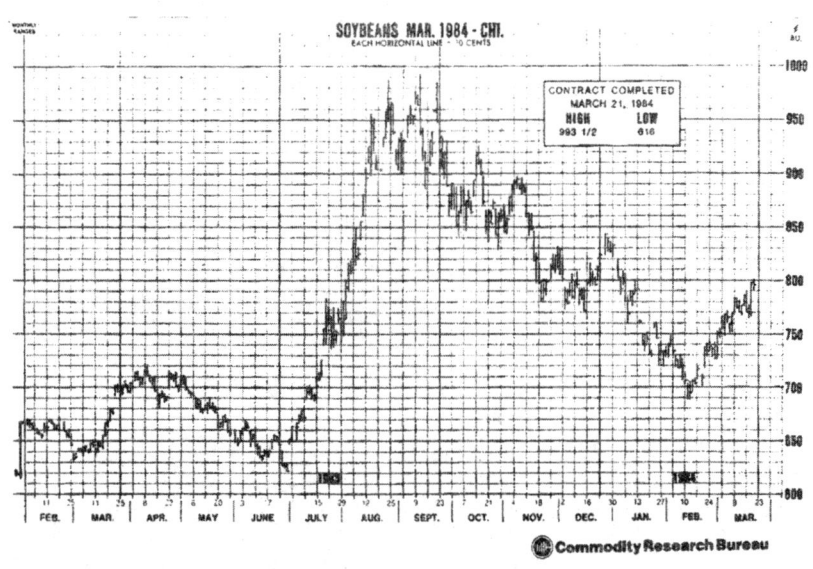

7月初价格暴跌到 6.20 之后，大豆价格竟一飞冲天，让很多密切关注大豆行情的人困惑不已。这是一段动能十足的趋势，价格从 6.20 涨到 9.90，仅仅 3 个月内每份合约涨了约 1.8 万美元。虽然芝加哥期货交易所的人仍在高唱大豆破 10，大豆价格却没涨到 10 以上。随后 3 年，大豆市场节节败退。

如果你发现密切关注大豆的人因为价格涨了 40 或 60 美分而开始唱歌、吹口哨、手舞足蹈，再赌大豆会涨个 2 美元或更多，绝对是对的。事实上，加入"多头之舞"的人还有中西部的商人。

第四部分
交易实战

他们会买一些诸如房子和公寓、游艇、汽车和珠宝之类的豪华资产。大豆的多头趋势由于参与的大众和专业人士广泛，即使很短时期的涨势制造出来的百万富翁，也比其他任何商品的大行情制造的多，而且能使原来的富翁更有钱。遗憾的是，当价格突然下跌时，由于下跌速度比上涨时还快，很多临时的百万富翁没来得及逃出来。当大豆的大跌结束后，那些想买二手游艇、豪华轿车、劳力士手表和芝加哥湖畔别墅的人真的要重新计算一下自己的资产了。

期货交易者很少需要别人提醒下面两点：①如果你运气好或者技术高超，逮到了某个大趋势市场的头部或底部，而且如果你运气好或者技术高超，能够在趋势的大部分时刻持有原来的仓位，而且如果你运气好或者技术高超，能够控制其他仓位的损失，你一定会赚很多的钱。②如果你像①所说的那样，赚了很多的钱，你一定会找个时间大把花钱。有没有异议？我可以提供第一手的个人亲身证词，证明以上两点所言不假。

显然，问题不是如何去花赚来的钱，我们都知道如何花钱。真正的问题在于如何赚到大钱。你没办法根据市场上的小道消息做到这一点，你也不能因为之前5次或10次战役你都败北，你就以为以概率论来说这次赢的概率大多了。要赚大钱，最好的赌注是严守纪律，以策略性计划指导整个交易，小心计算好长期的操作。

是否可以把运气当做好朋友呢？你可能因为运气好而赢得一场网球赛或象棋比赛，但是你看过因为运气不错，只较量了几次就拿到重要的网球或象棋锦标赛冠军吗？我很难想象这种事情会发生。同样，在期货市场里，你必须有良好的规划和详细的策略性计划，考虑所有的紧急状况，并以务实的、有纪律的方式执行它。

谈到详细的策略性计划，我愿意与大家分享我在1987年初交易白银所准备的策略性计划。我当时的目标是：要么就大赚一票，要么就小亏一点。这个计划包含下面会详细说明的各个层面，而且每个大行情来临时，你都该针对你的每一个大仓位，做这样的计划。

当时主趋势仍然下跌，长期支撑可能在5.00～5.50之间，上档压力在8.00附近（见图19-2）。中期趋势是横盘整理，根据最近期期货的周收盘价分析，跌到5.00附近会有买盘进场支撑，6.00、6.50和7.00附近有压力。

第四部分
交易实战

图 19-2 白银(最近期期货)长期周线图

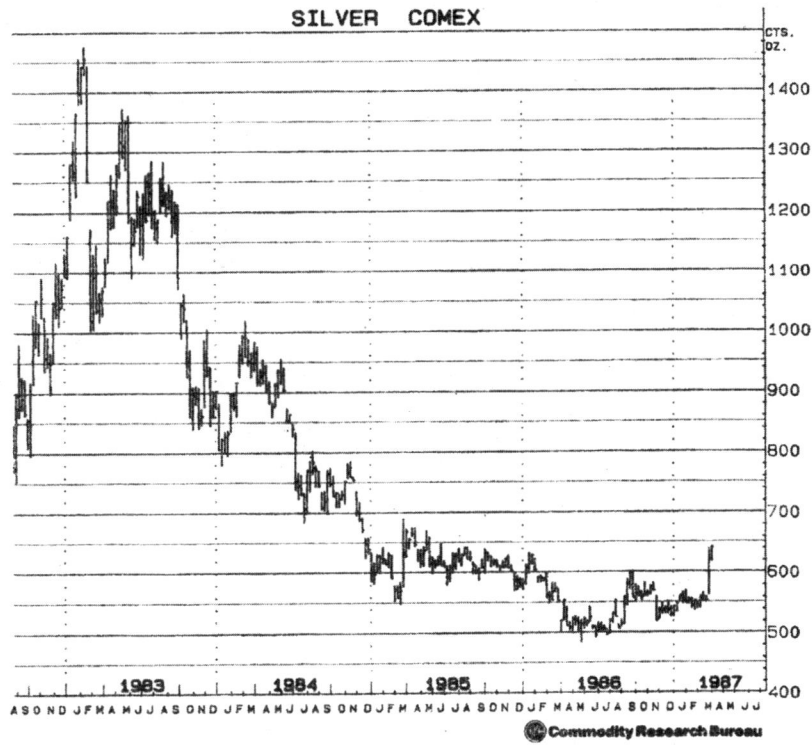

主趋势下跌,中期趋势是横盘整理。回调到 5.00 ~ 5.50 时,应该会有买盘支撑。收盘价超过 6.50(最近期期货)应该会使中期趋势转而向上,收盘价超过 7.10,应该会使主趋势转而向上。

这么一来,这个市场该怎么玩?凡是愿意和有能力冒很大风险和情绪风险的人,最有可能是做多。1983 年初主趋势在 14.00 做头以来,价格跌得很深,跌到相当的长期底部,而且,在盘整期一延再延之后，市场最终会向上摆脱这个区域。

这里的关键字是"最终"。要预测市场向哪个方向走是十分困难的，如果要预测何时会动，更是不可能。但还是有包括经验丰富的专业人士在内的很多交易者为了"何时"的问题大伤脑筋。要说明这点，我们只要看看 1985 年疯狂地给我们推销多头白银市场的研究报告和交易建议就可以了。但是市场在 1986 年上半年创下合约期新低价，那些大言不惭的看涨建议自此阵脚大乱。

我要在白银市场里怎么玩？一开始，我就有个前提：准确地预测将来什么时候白银或其他任何市场交易价格在哪里，几乎是不可能的。于是我的策略是组织一系列连续性的战术行动，只有在前一阶段按照我的假定发生之后，我才会进入下一阶段。这种方法可以把交易所产生的额外风险降到最低，控制在可以接受的程度内。

我的策略第一步，是在价格跌向 5.00 ~ 5.50（基期最近期期货）的支撑区间时，积累白银多头仓。现在，假如这个支撑水准守住了——在这个交易的初级阶段，我们难以保证它会发生，我们接着进入下一步；也就是说，如果碰到周收盘价（最近期期货）超过 6.50 时，再加仓买入白银。假如市场继续按这个多头趋势往前移动，碰到周收盘价（也是最近期期货）超过 7.10 时，第二次加仓。这个时候，我研判中期趋势在收盘价冲破 6.50 时已转为向上，主趋势则在收盘价格向上突破 7.10 时转为向上。

我对价格趋势的预测如何？如果市场按我的假设变化，我预想初步的价格目标是 6.80 ~ 7.00（基期最近期期货的周收盘价），中期目标更进一步到 9.50 ~ 10.50。至于长期价格预测——在这个时候，谈这件事未免过早了些。我对趋势的时间预测如何？在 4 个月到 2 年内。事实上，时间的研判是这个分析中最不准确和最没有关系的因素。显然，要玩这个游戏，耐心是必要的前提。

虽然前面说了那么一大堆，我们还是必须承认，主趋势依然是盘整偏弱。因此，原来的空头趋势持续下去的概率仍然大一些。其实，我们现在是在稳固的空头市场里抄底，而这不是一件简单的工作。显然，这个不确定的阶段，只有内心强大和财力不菲的人才能面对。

这个时候，我们已把所有该谈的策略都说过了，只剩下一点。如果市场继续下跌，而不是我们预计地上涨时，该怎么办？你有没有听过几年前，有位专业投机者做了很大的白银多头仓，每份合约亏掉 1.8 万美元？我知道这件事，因为我就是那个人的经纪人，他是那个听到其他大户都在买入时才买入的人。尽管是大户，白银市场是个变动十分迅速、杠杆比例极高的市场，所下的赌注非常高。所以，除非你是一个超级受虐狂或者有无法控制的欲望，真的想在自己名下制造所得税方面的亏损，你最好准备好一个应急计划。也就是说，你一定要设定止损点，在个人达到极度痛苦前，利用止损把自己带出场，譬如，在每份合约亏损到达 1200 或 2000 美元左右时，就要出场。而且，如果你确实由于止损而出场，你还是可以在价格跌到 4.00 ~ 5.00 时再做多。同时，你要照着我们所说的假设中其他部分去做，利用收盘价的买入止损点加仓交易。

这就是我在 1987 年 2 月针对白银所准备的长期策略性计划。我们来看看其中一些特别的地方：

1. 最明显的方面是主趋势呈现横盘整理，但偏弱，而我等着要买入——这个想法违背了顺势交易的教条。但中期趋势是横盘，而且我所用的两个长期早期预警系统已经亮出了白银的买入信号。再说，市场已经跌了不少，掉到 5.00 附近强烈的长期技术支撑区内。我也为了避免下跌趋势继续下去，建立仓位时设置了很有效率的止损点，用以控制亏损。

2. 下跌趋势会持续下去吗？我没有把握。如果真的继续跌下去，那我会带着不大的亏损出场。如果趋势是上涨，脱离了长期的底部区域，那我一步紧跟一步的策略性设想可能会带来很可观的利润。我估计获利潜力比风险高出很多，值得一搏。

3. 这个设想对一般交易者适用吗？也许不适合。这是个高风险高报酬的游戏，适合那些明知这是豪赌也愿意接受它的人来玩。这场长期作战可能要花上两年的时间，所以需要有很大的耐心和纪律。

这个设想对你来说未免过于复杂或困难了，那么还有没有其他可以赚大钱的方法？我们拿散布在全球各地约 400 位商品交易者的经验来说明。我每天都会监测他们所用长期交易系统打印出的报表，发现 1985 年 10 月 10 日发出了咖啡豆的买入信号，买入价格是 139.93（根据连续价格，相当于 91 天的期货）。这件事有什么了不起？到这里为止看不出有什么了不起的地方。他们的系统一直还是看多，直到 1986 年 1 月 29 日才发出卖出信号。卖价是多少？223.34。如果你要问这其中有什么了不起的地方，那你该把小学算术搬出来才行。139.93 和 223.34 的差价是 83.41，这次行情合计每份合约利润可以达到 3.1 万美元 (见图 19-3)。毫无疑问，这是个超级利润！

图 19-3　1986 年 5 月咖啡豆

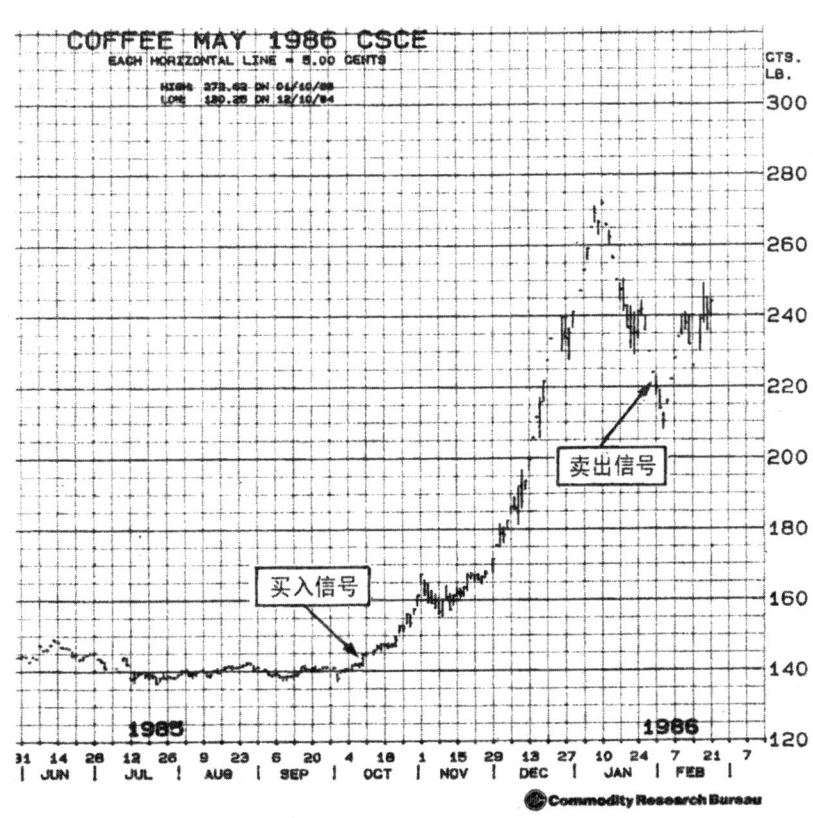

全世界400多个系统交易者在1985年10月10日139.93等到买入的信号,然后在1986年1月29日的223.34得到卖出信号(连续91天价格)。这次交易的利润是83.41美分,相当于每份合约超过31 000美元。这种偶尔一见的超级利润,足可弥补长线仓位系统在宽幅横盘整理中被洗盘发生的亏损,利润还会超出很多。

显然,这不是你平时或者每天的交易能赚到的利润。但是有些成功的长期技术交易者和交易系统,一年结算下来能够赚到很多的大钱。我所说的大钱,是指每份合约利润5000美元左右或者更多。其他很多交易者能够在大行情发动之初就搭上车,但是很遗憾,他们没办法在行情继续原来的趋势时,能够做到继续待在车上。任何人只要交易过几年,心里就会明白,如果能继续持有原来的仓位更长时间,就能赚大钱。这里的关键句子在于"如果能继续持有原来的仓位更长时间",因为能够做到这一点的人很少。讲到这里,我要请你再回头去看看第16章利弗莫尔所说的话,这里我们只摘录一部分:"你总是可以看到多头市场里有很多人很早就做多,空头市场里也有很多人很早就做空……他们根本没赚到钱……能够做对而且能坐住的人才是高手。"

我们在建立仓位的时候,显然没办法知道自己会不会赚大钱。因此,只要我们顺着主趋势的方向交易,我们都应假设每个仓位都有潜力赚大钱,并用这种心态去交易。这就意味着,仓位要持

第四部分
交易实战

有（用利弗莫尔的话来说，是坐得住）到止损出场为止。止损点要随着市场的趋势不断移动，直到它把你带出场为止。有个很好的例子是在完全出乎意料的情况下出现的大行情趋势。这个例子是棉花。1986年8月13日，有些利用长期交易系统的交易者在34.54（连续基期价格）得到似乎是一般性的棉花买入信号。这个信号看似有点可疑，特别是因为价格从68.00开始下跌以来，就锁住在很强的空头趋势中。过去几个月，棉花交易者为了探测底部，亏损了很多钱。事实上，很多有经验的棉花交易者，对于自己逆势建立多头仓亏损累累已感到厌烦。但是这个时候，大部分新手遵照系统手册上指导："所有的信号一律遵守"，根据信号买入棉花。

我敢说没有人比我对实际上发生的事情更为惊讶。1987年1月28日下午，也就是在买入信号发出后5个半月，我接到南达科塔州拉皮德城的一位药剂师打来的近乎神秘的电话。他与我偶尔通信，算是期货交易中的一个新手。闲话不说，当时他兴奋得几乎说不出话来，但在我设法要他平缓下来，用清楚的语句说话之后，终于知道他要讲的是什么。他说，那天早上他的系统刚发出信号，要他在54.83卖出棉花仓位。他把仓位平得一干二净，发现自己的两份合约赚了2万美元以上。进一步交谈之后，我才知道他也是到那一天才知道自己赚了那么多的钱，这可能是他无意中在整个行情进行期间继续持有的原因(见图19-4)。

图 19-4　1987 年 7 月棉花

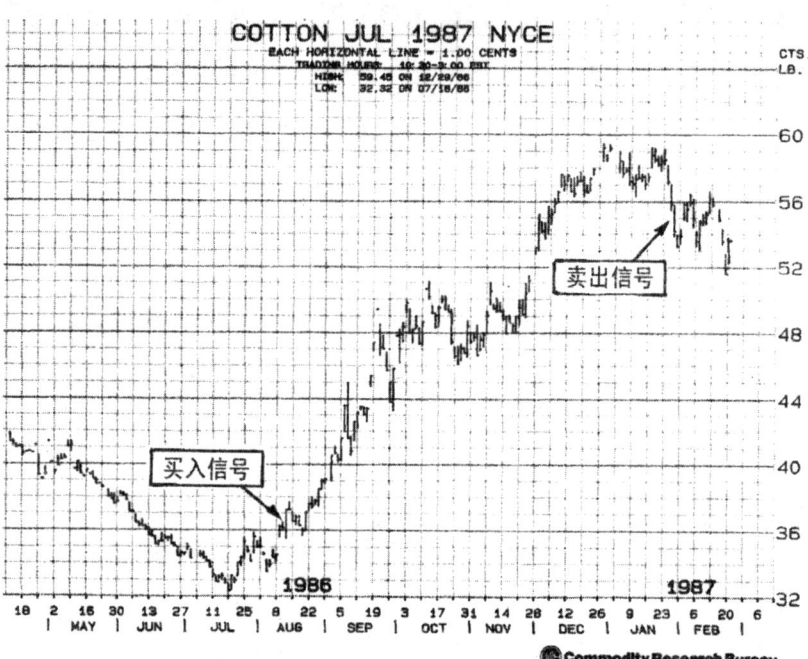

从 68.00 起几乎马不停蹄地下跌之后，系统交易者在 1986 年 8 月 13 日得到等候已久的买入信号。这个多头仓可以持有 5 个半月，然后在 1987 年 1 月 28 日根据卖出信号平仓，每份合约利润约 1 万美元。这是在强劲的趋势市场中仓位交易系统创造超级利润的另一个例子。但同样的系统在上下起伏颇大的横盘整理中，却频频让交易者发生亏损。

毫无疑问，南达科塔州的这位先生体验到了抓住大行情赚大钱的激动。一旦你开始遵守前后一致的纪律，往主趋势的方向交易，并持有仓位直到止损点把你带出场为止，而且这期间不要建立过大的仓位，或者因为趋势令人无聊，或者根据市场上的小道消息而频繁进出，你也有机会抓住大行情赚到大钱，享受那难得一见的激动。

附言

市场不坑人

赛跑不一定是跑得最快的人赢,比赛也不一定是最强壮的人赢,但你还是必须尽全力去做才有希望。

| 附言 |
市场不坑人

附言：
市场不坑人

我每年都会去看纽约游艇展。我和儿子在走道和不同的展位来回闲逛，两个小时下来很累，稍微休息一下，这时不禁听到附近生动的对话。原来那里有部很好的棒球电影，别人都说值得一看。电影名字叫《天生好手》，由于我以前是个棒球迷，于是周末租了一部录像机放着看。那真是一部很棒的影片——谈的是勇气、承诺、耐心、纪律和追求卓越的重要性。当然，片子里描述的是棒球，而我觉得它适合不同的观众。它只是一部棒球电影吗？毫无疑问，当然是。但从我的观点来说，棒球是电影中最不重要的因素。对我来说，承诺、纪律、自信、勇气才是它的主题。

它给期货交易的启示十分清楚，但并不一目了然。20世纪60年代初，我刚涉足期货市场时，我的看法是很直接的，几乎可以说是单纯的。我研究了画图技巧，花了很多时间研究头部和底部的形成，以及深奥的名词，也看了无数有关直线图还是点数图预测价格比较准确的争论。我用一些小小的索引卡片把投机或避险的策略、优秀资金管理的原则、赚钱制胜的个人和情绪素质都记下来。我把其中一张放在日程本里，另一张放在办公桌最上面的抽屉里，第三张放在我衬衫口袋里。目的是随时都看得到。就像其他交易者，我倾向于把注意力集中在市场和交易的技术层面上，策略战术则退居第二线。

在期货市场里打拼了约30年，我能发现两者的轻重慢慢在改变，但很明显的是技术性和策略性考量只是处于大致旗鼓相当的地步。我常常讲，如果在"一流的技术系统和平凡无奇的策略战术"，以及"平凡无奇的技术系统和优秀的策略战术"两者之间取其一，我每次都宁可选择后者。在15～20年的时间内，引起我兴趣的是策略战术、资金管理和情绪控制——尤其是在我写这本书的5年内。在你看这本书的时候，它们也会引起你的兴趣，我也希望在你把这本书放回书架后，这些影响依然存在。

这些年来，我自己的交易成绩有好有坏，从非常赚钱的交易到几乎让我一蹶不振的都有。毫无疑问的是，我最大的利润、最让我安心的交易方向和仓位，总是出现在顺大势交易的时候。相反，我最大的亏损、感到最大压力的交易（两者似乎是难兄难弟），总是出现在我建立或持有逆势亏钱仓位不放的时候。这应该也是大家共同的经验，无论是经验丰富的专业人士还是新手，或者是投机者还是避险者，包括纽约、芝加哥、伦敦、苏黎世、香港的交易者，都应该有相同的体验。

我很幸运，能够体验到7位数利润和6位数亏损这些令人难以置信的感觉。承担亏损还很幸运？是的，没错，因为我们从亏损中学到的东西比赚钱的时候还多，至少应该这样。就像有人曾说过："我赚过钱，也亏过钱，但是赚的钱比亏的钱多。"

有位同行最近表示，经过这些年，我似乎对这一行保留了一些幽默感。也许那是真的，不管在哪个行业努力，有点幽默感也是个人资产。但对期货交易者来说，有幽默感和有平衡的观点，两者密不可分。在这个狂乱而不明确的行业中，你需要这些东西帮你渡过起伏不定的时刻。

在期货市场打拼多年的交易者经历漫长时间得到代价昂贵的经验，知道个人心情好时就会碰到好时光，心情低落如同有铅压在心头时就会碰到坏时光。这种人真的需要很好的情绪平衡和市场眼光。他必须趁着好时光长驱直入，但不要被突然的成功诱惑；他也必须避免在坏时光中随波逐流（或迷失自我）。

失望和泄气是人的两种基本情绪。想成就一番事业的交易者一定要能自律，克服心理上的沮丧，要坚持使用客观系统性的期货投资方法。同样重要的是，他必须保持自信心，要能渡过艰苦的日子（好几周或好几个月）。只有这样，才能在下一次的好时光中连本带利地把损失捞回来。而且，无论事情看起来多么黯淡冷酷，只要交易者还活着，能够控制住不利仓位的亏损，之后绝对会碰到好时光。

丹尼斯·康勒先生1987年用另一种方式来谈这件事。康勒对期货交易的细节可能了解不多，但他是世界上理解输赢个中精髓的屈指可数的专家之一。他曾作为美国杯赛的冠军，长期输掉这个赛事的奖杯，直到1987年才连赢4场。他说："重要的不是你怎么走红，而是你怎么复原。"他真是参透个中滋味。

无论谁写教人怎么冒险的书，总有人看完以后违背所有原则，完全颠倒来做却还能赢得胜利。这个世界上就是有打高尔夫球的人，看了书上教人怎么握杆之后，实际打球却反其道而行，还是能够一击进洞。有些交易者完全不理会什么趋势，不设什么保护性的止损点，而且时进时出，依然能够赚大钱。我们都想知道这些不按牌理出牌的人到底是怎么做到的。但是，那些打高尔夫球的人反手握杆挥杆进洞，或者期货交易者忽视原则依然赚钱的事实，并不能证明什么东西。这些事情只是进一步证实：奇怪和不寻常的事情有时确实会发生。然而，最重要的一点是这些事情不会经常发生！你也不要指望这些事情经常发生。

对于那些不想按牌理出牌，一再违反已经证明有效的优秀策略和资金管理原则还想赚钱的人，我的回应是听听达蒙·鲁尼恩说的："赛跑不一定是跑得最快的人赢，比赛也不一定是最强壮的人赢，但你还是必须尽全力去做才有希望。"你在整理花园、做诗，或者雕刻、烹饪的时候，尽可能大胆地发挥想象力，违背所有的规则或者自己创造一些新鲜的东西，把纪律看做只是字典上的另一个字眼，但在交易期货的时候，一定要一板一眼，以严守

| 附言 |
市场不坑人

纪律和务实的态度，根据所有的原则行事，跟着趋势亦步亦趋，趋势才是你真正的朋友。你必须控制自己的损失，不要去抓大行情的头部和底部。当你出错时，让那些追缴保证金的职员打电话来告诉你。你一定要去注意这个警报，因为那些"交易不当而跑开的人，只要留一口气，改天还能再进场（并赚钱）"。你必须把自己训练得能够忽视个人的任何偏见，不要总是想做多，因为你一定很多次（昂贵地）领教过"滑的比飞的还快"。你必须有能力轻易地在市场下跌时做空，而且不能紧张，就像市场上涨时做多那样轻松愉快。每当你有股冲动想去实验和研究新的策略或交易规则时，我会是第一个鼓励这种想要独树一帜的人。你尽管去做，不过是在纸面上、计算机上和模拟交易中测试。当你实战操作时，根本没有时间让你去实验各种各样的理论或策略。失败的代价是十分惨痛的。因此，你一定要按照那些已经被证明、利用真实的交易和真实的金钱、在真实的市场中证明行得通的方法去做。

最后，我期望这本书能够带给你新的启示，用新的眼光去看市场。如果我想的还算不错的话，看完这本书，你会对自己交易获利的能力更有信心。你应该知道：要顺着大趋势去做；要控制你的亏损，同时让利润越滚越大；交易时必须用最务实的态度和严守纪律的精神。如果你能记住这些，而且身体力行上面所说的这些策略战术，你的交易一定会有更好的成绩，赚钱的仓位一定会赚得更多，亏钱的仓位会亏得更少。合计起来，结果就是账户里的钱会越来越多。

好了，最后还有两件事：谢谢你阅读这本书！祝你好运！

附 录
各种期货长期月线图

|附录|
各种期货长期月线图

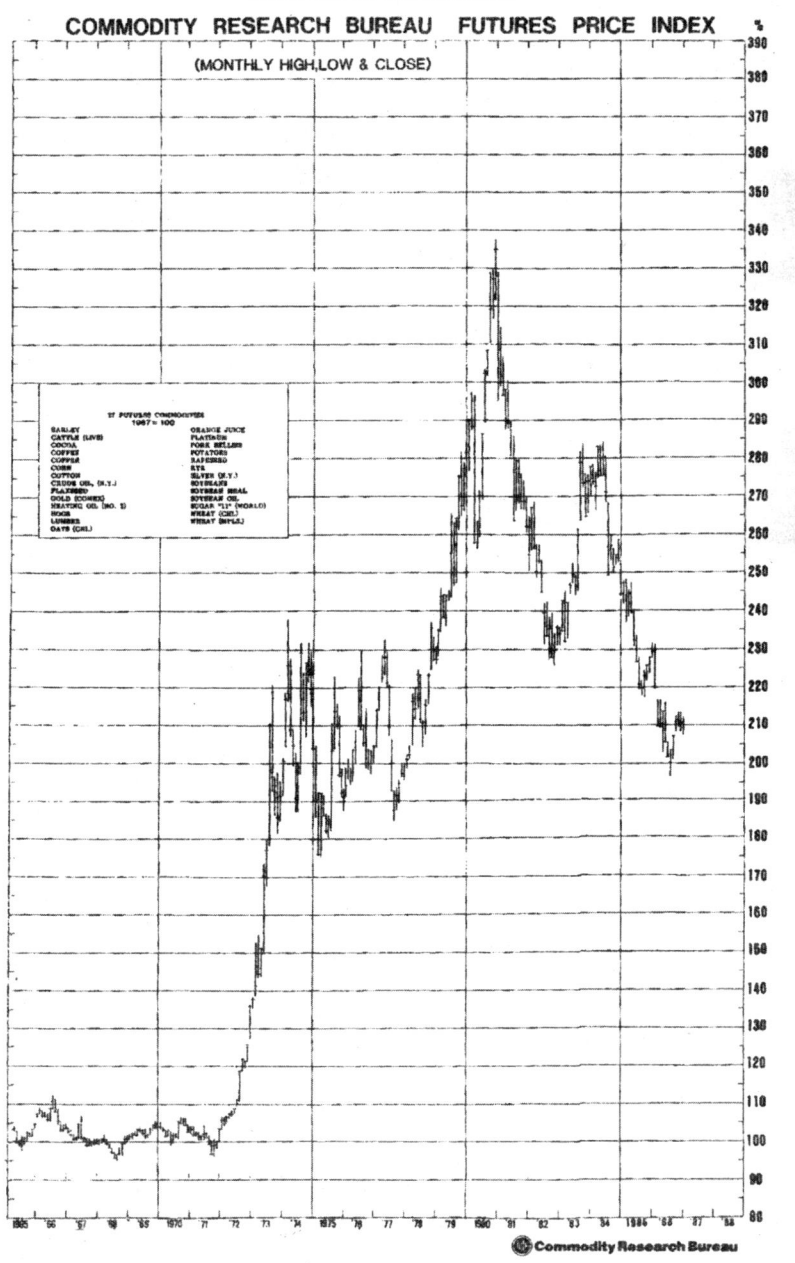

Kroll on Futures | 期货交易策略 | Trading Strategy

	活牛
在哪儿交易	芝加哥商品交易所 (CME)
交易时段（纽约时间）	上午 10：05 到下午 2：00
合约大小	40000 磅
报价方式	美分每磅
最小变动价位：	
每磅	0.025 美分
每份合约	10.00 美元
1 美分变动的价值	400.00 美元
涨跌停限制（与前一日收盘差价）	1.50 美分（600 美元每合约）

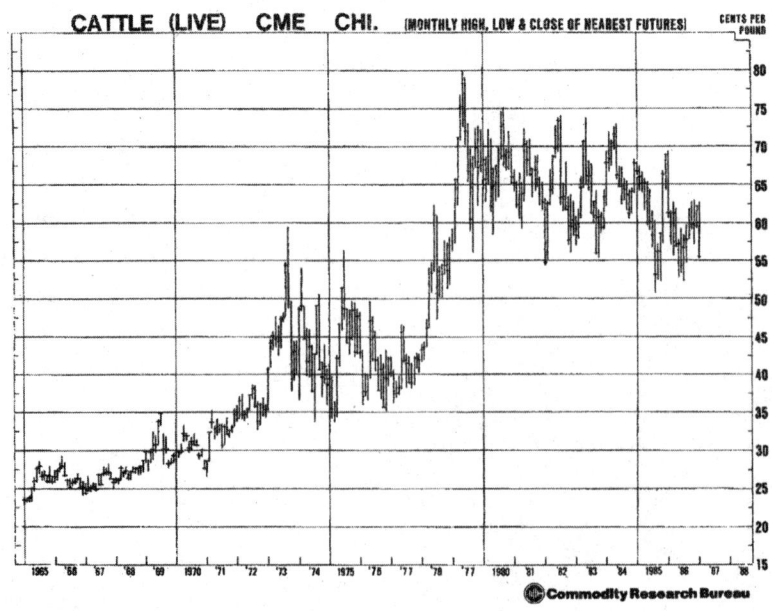

|附录|
各种期货长期月线图

	可可
在哪儿交易	纽约咖啡、糖、可可交易所
交易时段（纽约时间）	上午9：30到下午2：15
合约大小	10吨
报价方式	美元每吨
最小变动价位：	
每吨	1.00美元
每份合约	10.00美元
1美元变动的价值	10.00美元
涨跌停限制（与前一日收盘差价）	88美元（880美元每合约）

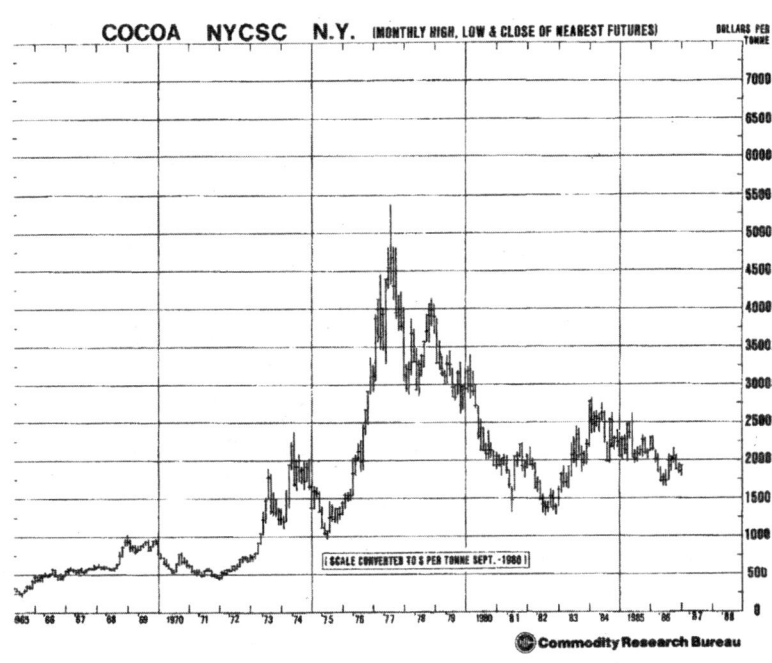

Kroll on Futures | 期货交易策略 |
Trading Strategy

咖啡

在哪儿交易	纽约咖啡、糖、可可交易所
交易时段（纽约时间）	上午 9：45 到下午 2：28
合约大小	37500 磅
报价方式	美元美分每磅
最小变动价位：	
每磅	0.01 美分
每份合约	3.75 美元
1 美分变动的价值	375.00 美元
涨跌停限制（与前一日收盘差价）	4.00 美分（1500 美元每合约）

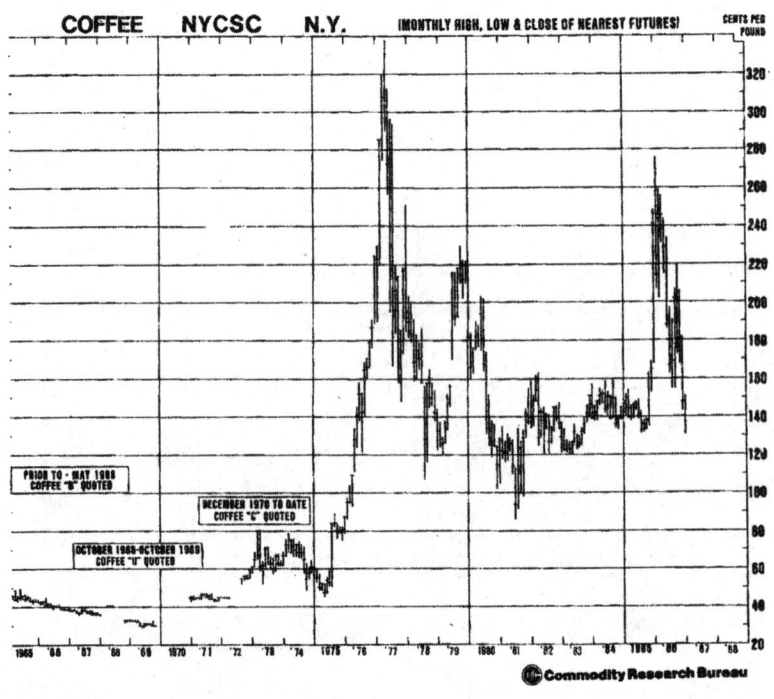

|附录|
各种期货长期月线图

铜

在哪儿交易	纽约商品交易所 (COMEX)
交易时段（纽约时间）	上午9：25到下午2：00
合约大小	25000磅
报价方式	美元美分每磅
最小变动价位：	
每磅	0.05美分
每份合约	12.50美元
1美分变动的价值	250.00美元
涨跌停限制（与前一日收盘差价）	5.00美分（1250美元每合约）

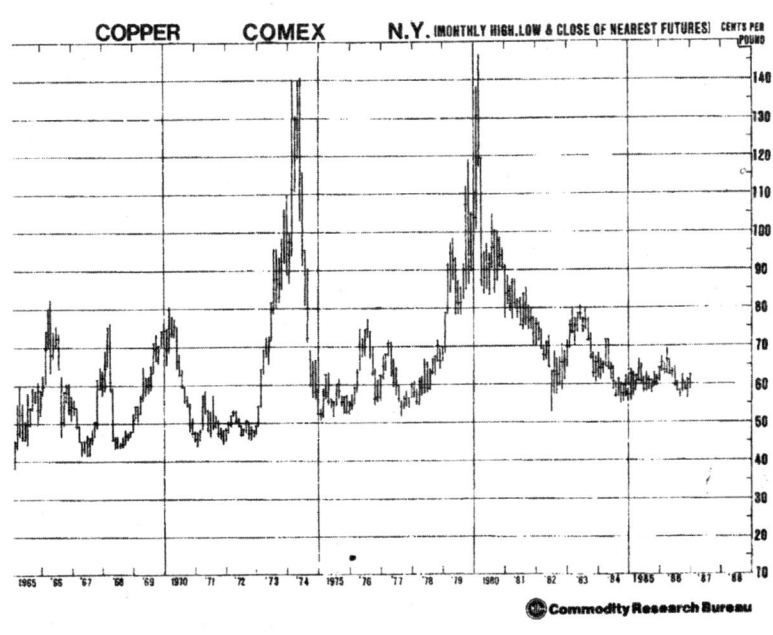

Kroll on Futures | 期货交易策略 |
Trading Strategy

	玉米
在哪儿交易	芝加哥期货交易所（CBOT）
交易时段（纽约时间）	上午 10：30 到下午 2：15
合约大小	5000 蒲式耳
报价方式	美元美分每蒲式耳
最小变动价位：	
每蒲式耳	0.25 美分
每份合约	12.50 美元
1 美分变动的价值	50.00 美元
涨跌停限制（与前一日收盘差价）	10.00 美分（500 美元每合约）

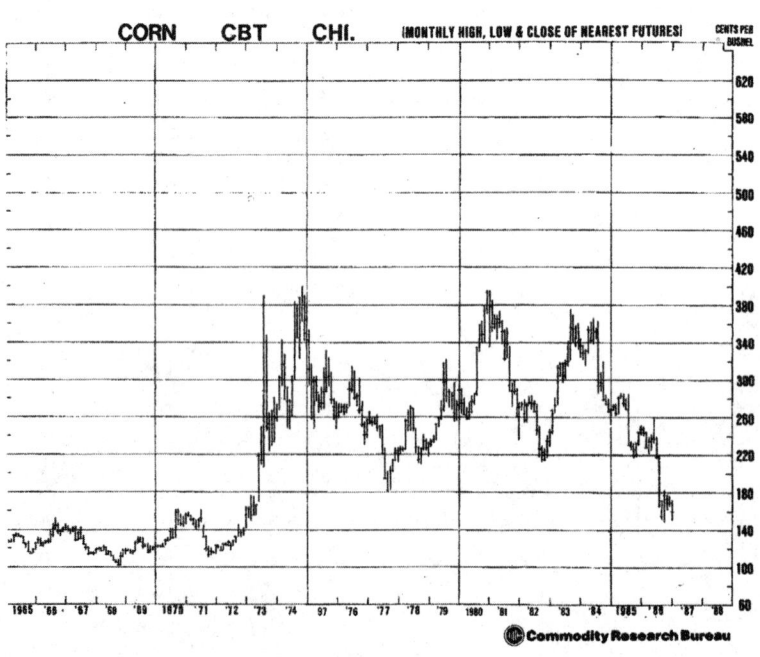

|附录|
各种期货长期月线图

棉花

在哪儿交易	纽约棉花交易所
交易时段（纽约时间）	上午10：30到下午3：00
合约大小	50000磅
报价方式	美分每磅
最小变动价位：	
每磅	0.01美分
每份合约	5.00美元
1美分变动的价值	500.00美元
涨跌停限制（与前一日收盘差价）	2.00美分（1000美元每合约）

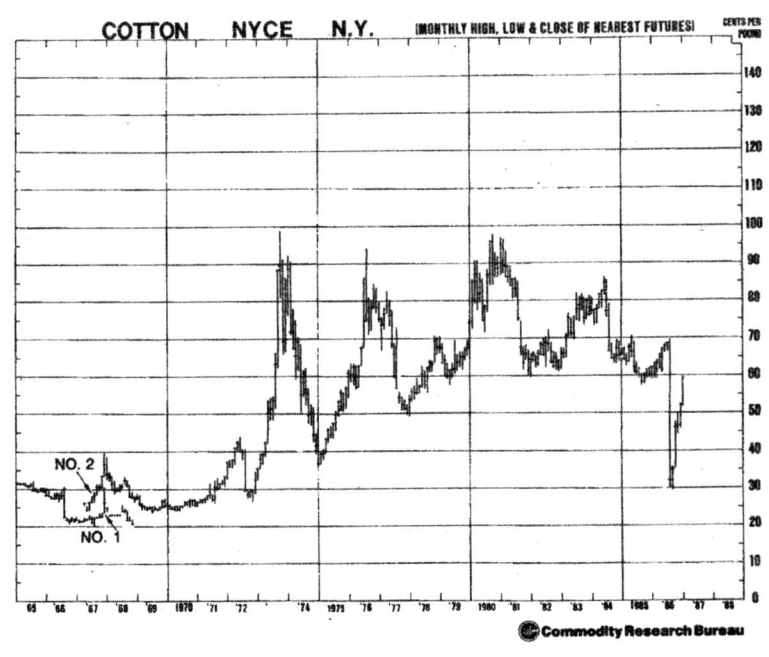

225

Kroll on Futures | 期货交易策略 |
Trading Strategy

	原油
在哪儿交易	纽约商业交易所 (NYMEX)
交易时段（纽约时间）	上午 9：45 到下午 3：10
合约大小	1000 桶（42000 加仑）
报价方式	美元每桶
最小变动价位：	
每桶	1 美分每桶
每份合约	10.00 美元
1 美元变动的价值	1000.00 美元
涨跌停限制（与前一日收盘差价）	1.00 美元每桶（1000 美元每合约）

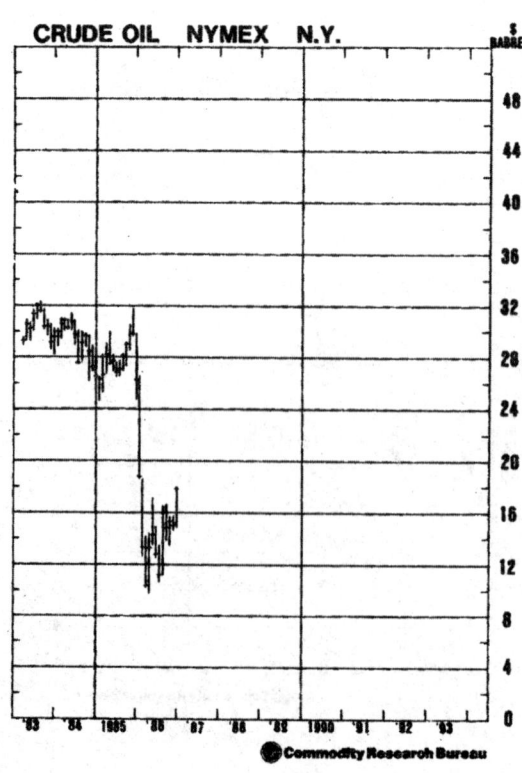

226

|附录|
各种期货长期月线图

	英镑
在哪儿交易	芝加哥商品交易所 (IMM)
交易时段 (纽约时间)	上午 8：20 到下午 2：24
合约大小	25000 英镑
报价方式	美元每英镑
最小变动价位：	
每 0.05 美分	12.50 美元
100 基点变动的价值	250.00 美元
涨跌停限制 (与前一日收盘差价)	无限制

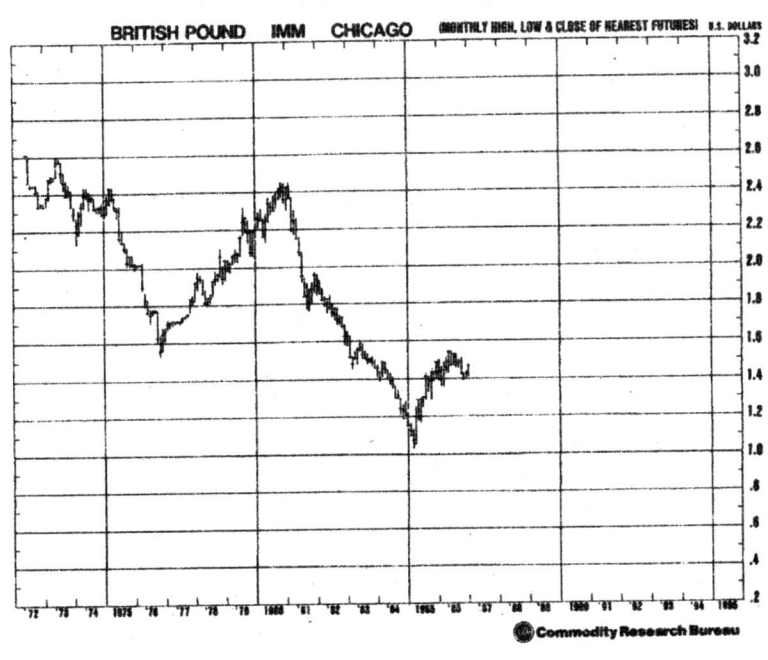

	瑞士法郎
在哪儿交易	芝加哥商品交易所 (IMM)
交易时段(纽约时间)	上午 8：20 到下午 2：16
合约大小	125000 瑞士法郎
报价方式	美元每瑞士法郎
最小变动价位：	
每 0.01 美分	12.50 美元
100 基点变动的价值	1250 美元
涨跌停限制(与前一日收盘差价)	无限制

附录
各种期货长期月线图

	德国马克
在哪儿交易	芝加哥商品交易所(IMM)
交易时段(纽约时间)	上午8:20到下午2:20
合约大小	125000德国马克
报价方式	美元每德国马克
最小变动价位:	
每0.01美分	12.50美元
100基点变动的价值	1250美元
涨跌停限制(与前一日收盘差价)	无限制

Kroll on Futures |期货交易策略|
   Trading Strategy

	日元
在哪儿交易	芝加哥商品交易所 (IMM)
交易时段(纽约时间)	上午8：20到下午2：22
合约大小	12500000日元
报价方式	美元每日元
最小变动价位：	
每0.0001美分	12.50美元
100基点变动的价值	1250美元
涨跌停限制(与前一日收盘差价)	无限制

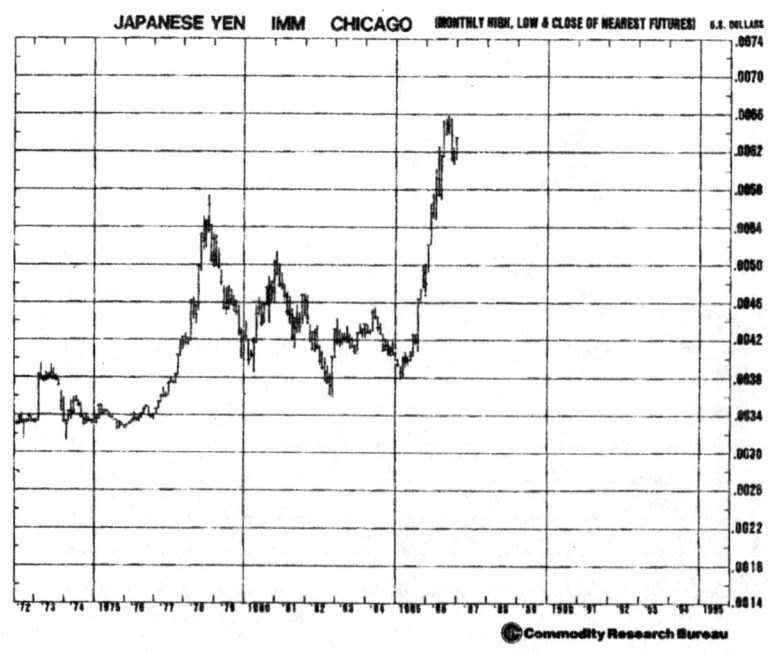

|附录|
各种期货长期月线图

黄金

在哪儿交易	纽约商品交易所(COMEX)
交易时段(纽约时间)	上午8：20到下午2：30
合约大小	100金衡制盎司
报价方式	美元美分每金衡制盎司
最小变动价位：	
每盎司	10美分
每份合约	10.00美元
1美元变动的价值	100.00美元
涨跌停限制(与前一日收盘差价)	25.00美元每金衡制盎司(2500美元每合约)

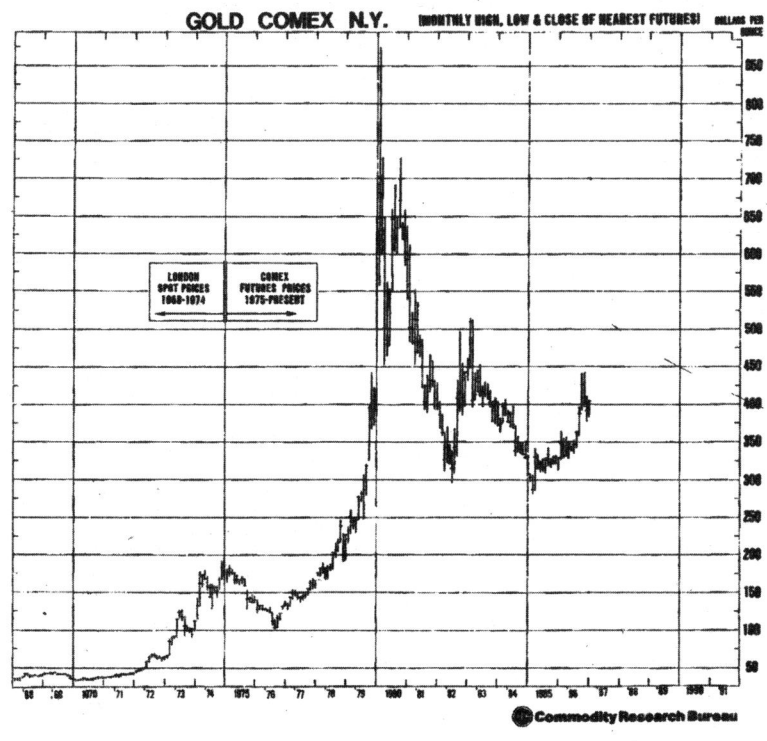

231

Kroll on Futures | 期货交易策略 | Trading Strategy

	燃料油
在哪儿交易	纽约商业交易所 (NYMEX)
交易时段 (纽约时间)	上午 9：50 到下午 3：05
合约大小	1000 桶 (42000 加仑)
报价方式	美元每加仑
最小变动价位：	
每加仑	0.01 美分
每份合约	4.20 美元
1 美分变动的价值	420 美元
涨跌停限制 (与前一日收盘差价)	2 美分每加仑 (840 美元每合约)

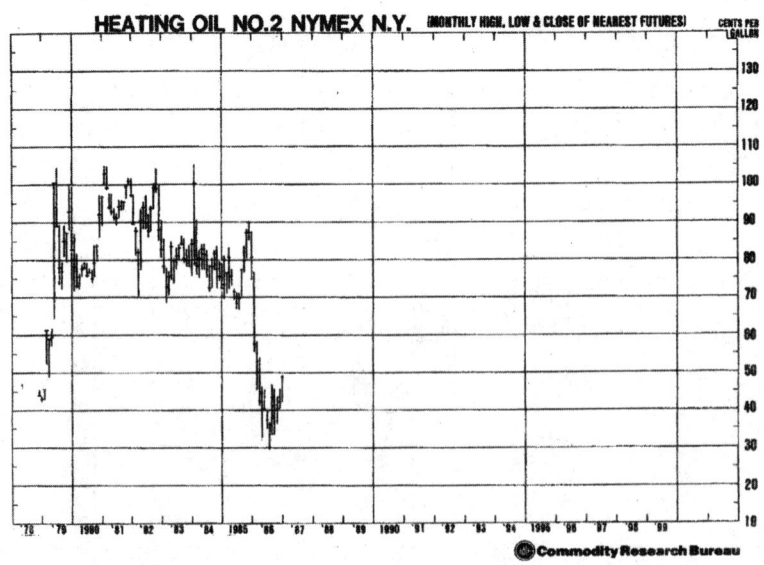

附录
各种期货长期月线图

生猪

在哪儿交易	芝加哥商品交易所 (CME)
交易时段 (纽约时间)	上午 10：10 到下午 2：00
合约大小	30000 磅
报价方式	美分每磅
最小变动价位：	
每磅	0.025 美分
每份合约	7.50 美元
1 美分变动的价值	300.00 美元
涨跌停限制 (与前一日收盘差价)	1.50 美分 (450 美元每合约)

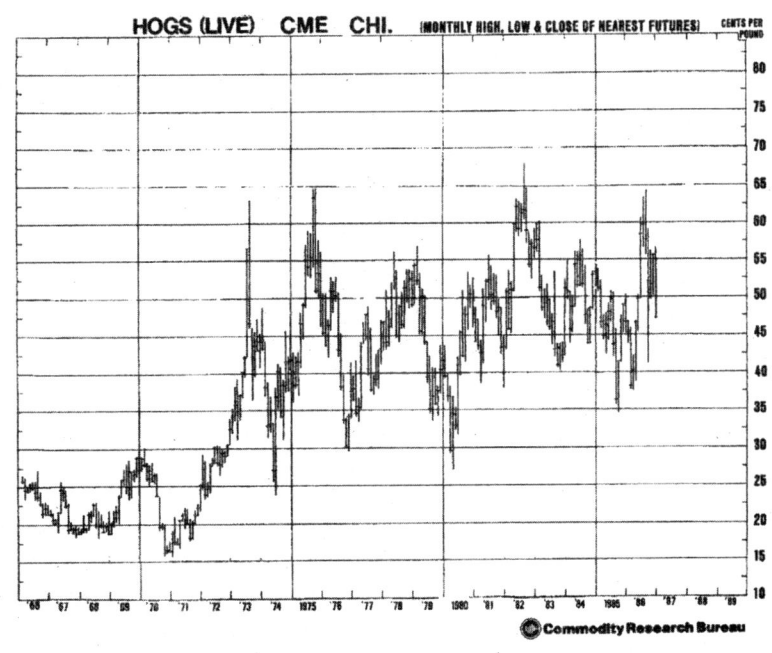

Kroll on Futures | 期货交易策略 |
Trading Strategy

	木材
在哪儿交易	芝加哥商品交易所 (CME)
交易时段 (纽约时间)	上午 10：00 到下午 2：05
合约大小	130000 板尺
报价方式	美元每 1000 板尺
最小变动价位：	
每 1000 板尺	10 美分
每份合约	13.00 美元
1 美元变动的价值	130.00 美元
涨跌停限制 (与前一日收盘差价)	5.00 美元每 1000 板尺 (650 美元每合约)

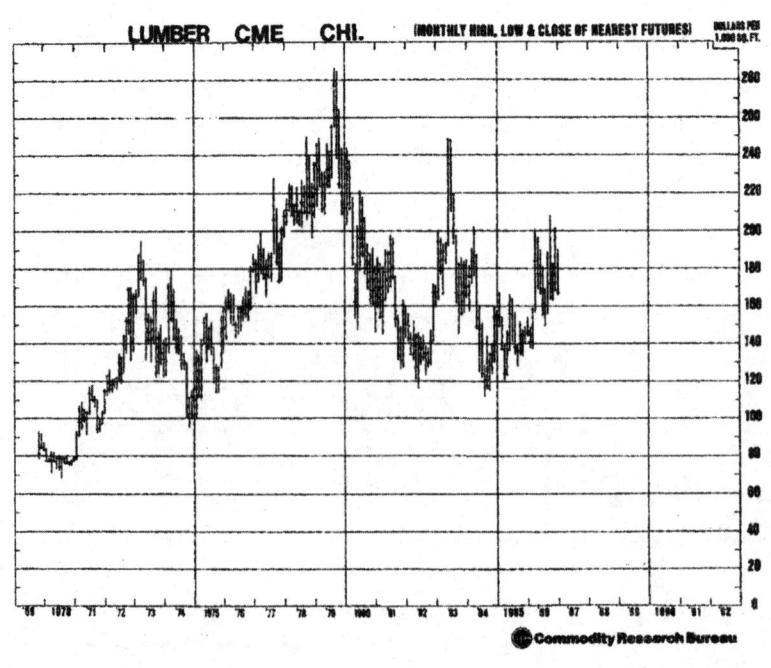

附录
各种期货长期月线图

铂

在哪儿交易	纽约商业交易所(NYMEX)
交易时段(纽约时间)	一上午8：20到下午2：30
合约大小	50金衡制盎司
报价方式	美元美分每金衡制盎司
最小变动价位：	
每盎司	10美分
每份合约	5.00美元
1美元变动的价值	50.00美元
涨跌停限制(与前一日收盘差价)	25.00美元(1250美元每合约)

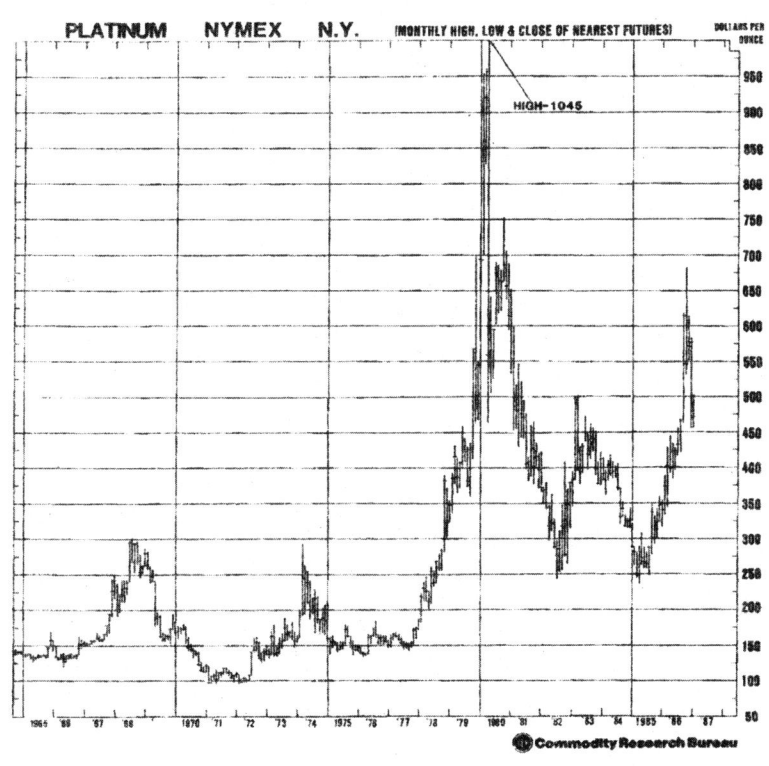

235

	猪腩
在哪儿交易	芝加哥商品交易所 (CME)
交易时段(纽约时间)	上午10：10到下午2：00
合约大小	40000磅
报价方式	美分每磅
最小变动价位：	
每磅	0.025美分
每份合约	10.00美元
1美分变动的价值	400.00美元
涨跌停限制(与前一日收盘差价)	2.00美分 (800美元每合约)

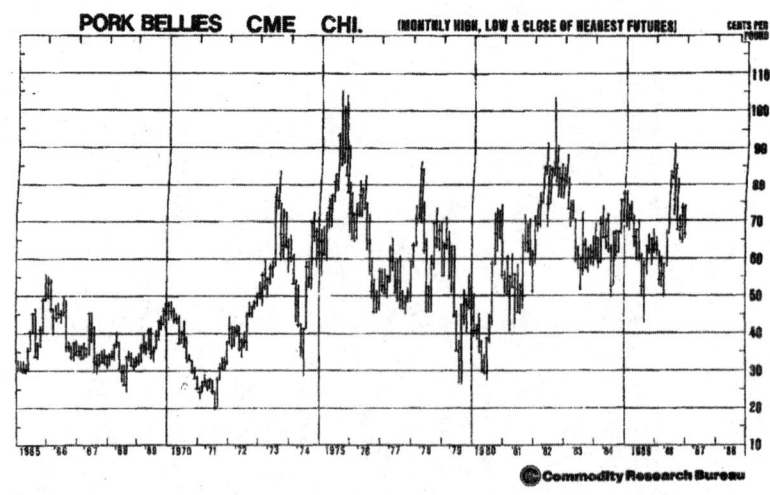

|附录|
各种期货长期月线图

	标准普尔 500 指数
在哪儿交易	芝加哥商品交易所 (CME)
交易时段 (纽约时间)	上午 9：30 到下午 4：15
合约大小	500 美元 × 指数
报价方式	指数
最小变动价位：	
每 0.05 点指数	25.00 美元
每 100 基点指数变动	500.00 美元
涨跌停限制 (与前一日收盘差价)	没有限制

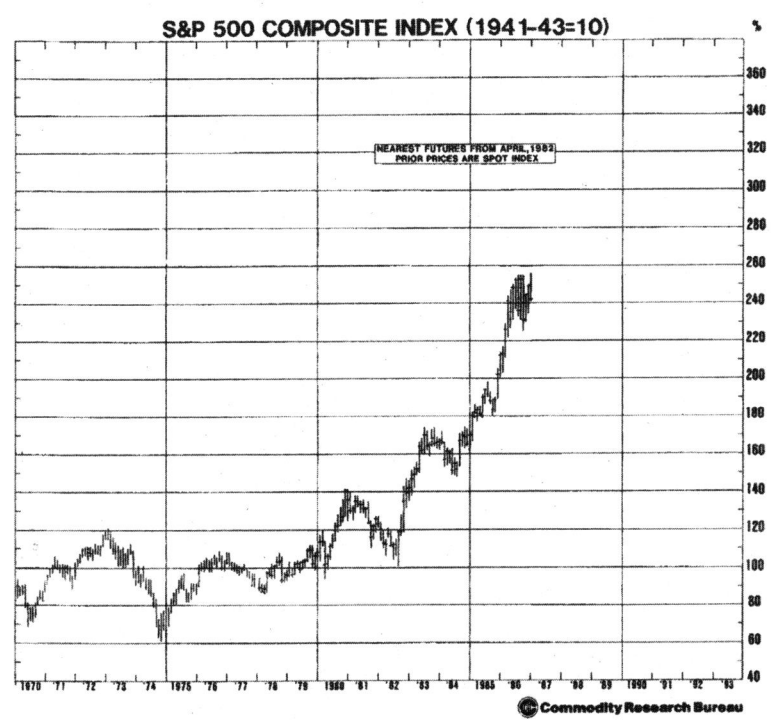

	白银
在哪儿交易	纽约商品交易所(COMEX)
交易时段(纽约时间)	上午8:25到下午2:25
合约大小	5000金衡制盎司
报价方式	美元美分每金衡制盎司
最小变动价位:	
每盎司	0.10美分
每份合约	5.00美元
1美分变动的价值	50.00美元
涨跌停限制(与前一日收盘差价)	50.00美元(2500美元每合约)

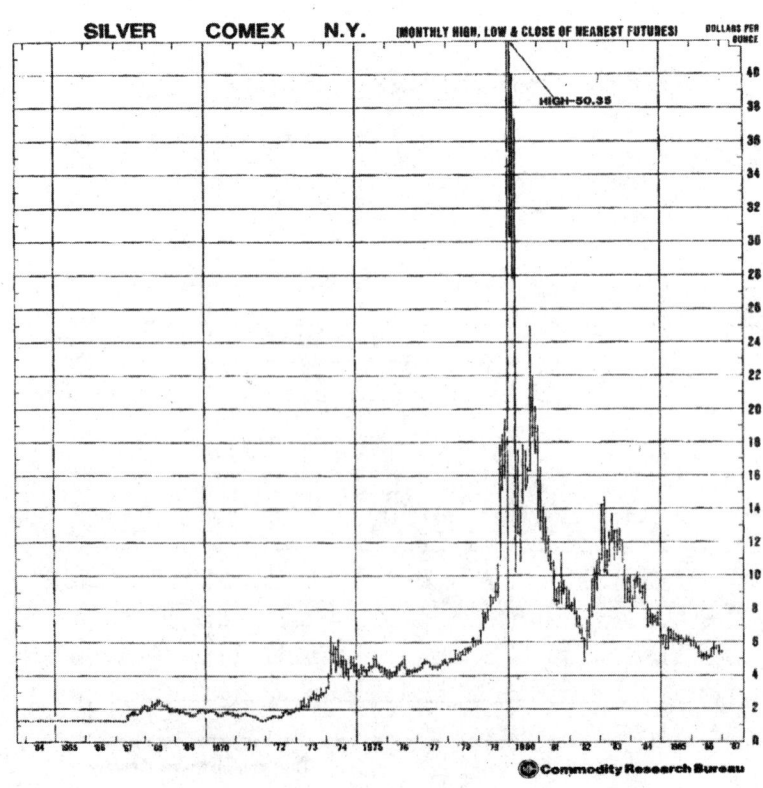

附录
各种期货长期月线图

	大豆
在哪儿交易	芝加哥期货交易所 (CBOT)
交易时段 (纽约时间)	上午 10：30 到下午 2：15
合约大小	5000 蒲式耳
报价方式	美元美分每蒲式耳
最小变动价位：	
每蒲式耳	0.25 美分
每份合约	12.50 美元
1 美分变动的价值	50.00 美元
涨跌停限制 (与前一日收盘差价)	30.00 美分 (1500 美元每合约)

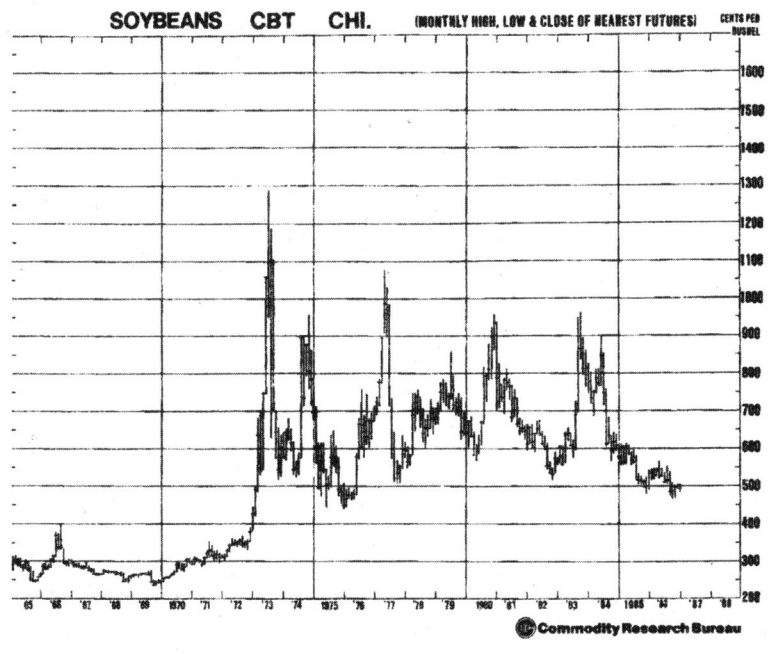

Kroll on Futures | 期货交易策略 | Trading Strategy

	豆粕
在哪儿交易	芝加哥期货交易所 (CBOT)
交易时段 (纽约时间)	上午 10：30 到下午 2：15
合约大小	100 吨
报价方式	美元美分每吨
最小变动价位：	
每吨	10 美分
每份合约	10.00 美元
1 美元变动的价值	100.00 美元
涨跌停限制 (与前一日收盘差价)	10.00 美元 (1000 美元每合约)

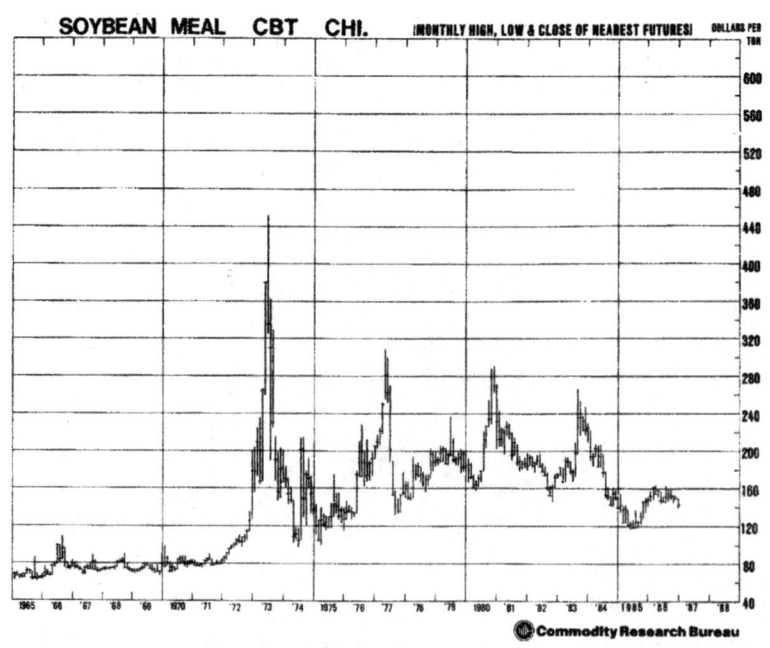

|附录|
各种期货长期月线图

	豆油
在哪儿交易	芝加哥期货交易所(CBOT)
交易时段(纽约时间)	上午10：30到下午2：15
合约大小	60000磅
报价方式	美元美分每吨
最小变动价位：	
每磅	0.01美分
每份合约	6.00美元
1美元变动的价值	600.00美元
涨跌停限制(与前一日收盘差价)	1美分(600美元每合约)

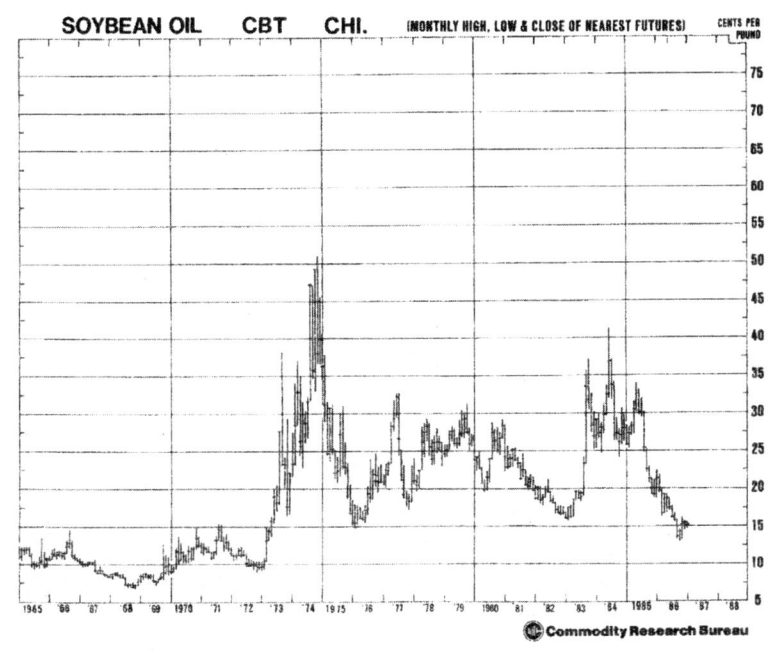

Kroll on Futures |期货交易策略|
Trading Strategy

	糖
在哪儿交易	纽约咖啡、糖、可可交易所
交易时段(纽约时间)	上午10：00 到下午1：43
合约大小	112000 磅
报价方式	美分每磅
最小变动价位：	
每磅	0.01 美分
每份合约	11.20 美元
1 美分变动的价值	1120.00 美元
涨跌停限制(与前一日收盘差价)	0.50 美分 (560 美元每合约) 最初的两手合约无限制

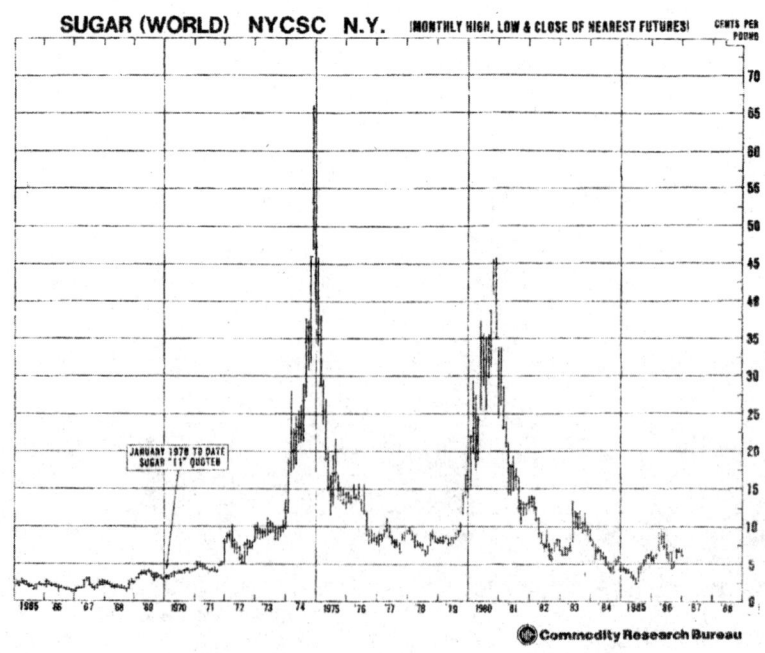

附录
各种期货长期月线图

	小麦
在哪儿交易	芝加哥期货交易所(CBOT)
交易时段(纽约时间)	上午10：30到下午2：15
合约大小	5000蒲式耳
报价方式	美元美分每蒲式耳
最小变动价位：	
每蒲式耳	0.25美分
每份合约	12.50美元
1美分变动的价值	50.00美元
涨跌停限制(与前一日收盘差价)	20.00美分(1000美元每合约)

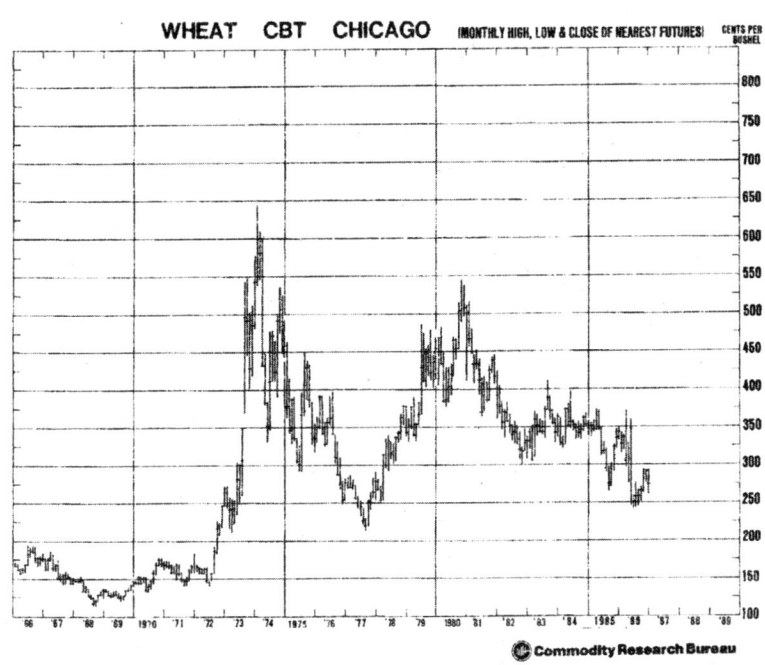

Kroll on Futures | 期货交易策略 | Trading Strategy

	短期国债
在哪儿交易	芝加哥商品交易所 (IMM)
交易时段 (纽约时间)	上午 8：20 到下午 3：00
合约大小	1000000 美元
报价方式	百分比点位
最小变动价位：	
每 0.01 点位	25.00 美元
100 基点变动的价值	2500 美元
涨跌停限制 (与前一日收盘差价)	无限制

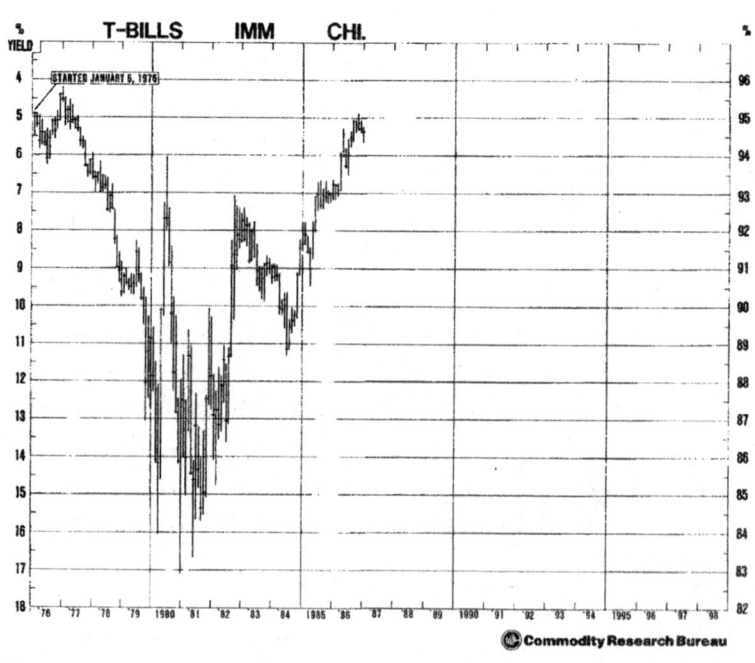

|附录|
各种期货长期月线图

	长期国债
在哪儿交易	芝加哥期货交易所 (CBOT)
交易时段 (纽约时间)	上午 9：00 到下午 3：00
合约大小	100000 美元
报价方式	百分比点位的 1/32
最小变动价位：	
每 1/32 点位	31.25 美元
100 基点 (32/32) 变动的价值	1000 美元
涨跌停限制 (与前一日收盘差价)	96/32(3000 美元每合约)

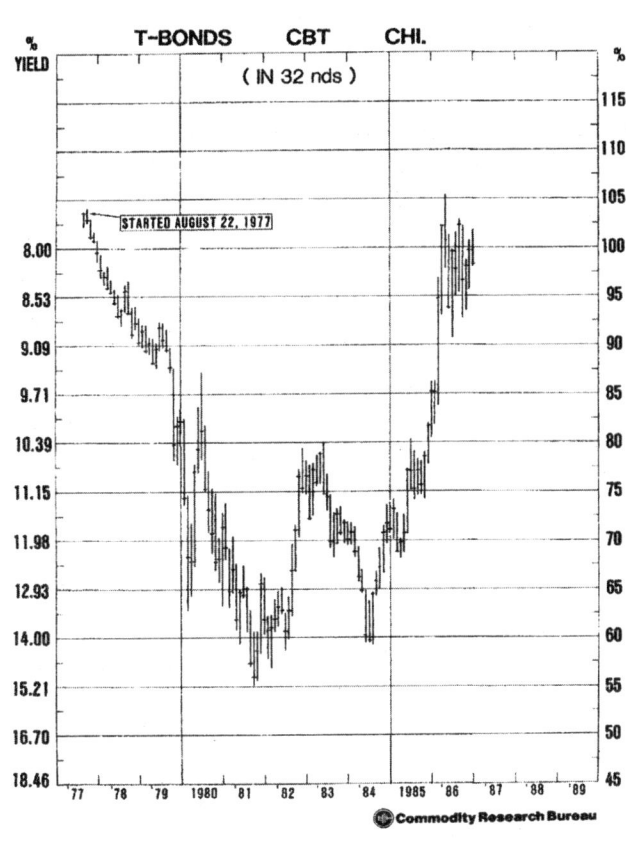

Kroll on Futures | 期货交易策略 |
Trading Strategy

	价值线指数
在哪儿交易	堪萨斯城交易所
交易时段(纽约时间)	上午9：30到下午4：15
合约大小	500美元 × 指数
报价方式	指数
最小变动价位：	
每0.05点指数	25.00美元
每100基点指数变动	500.00美元
涨跌停限制(与前一日收盘差价)	没有限制

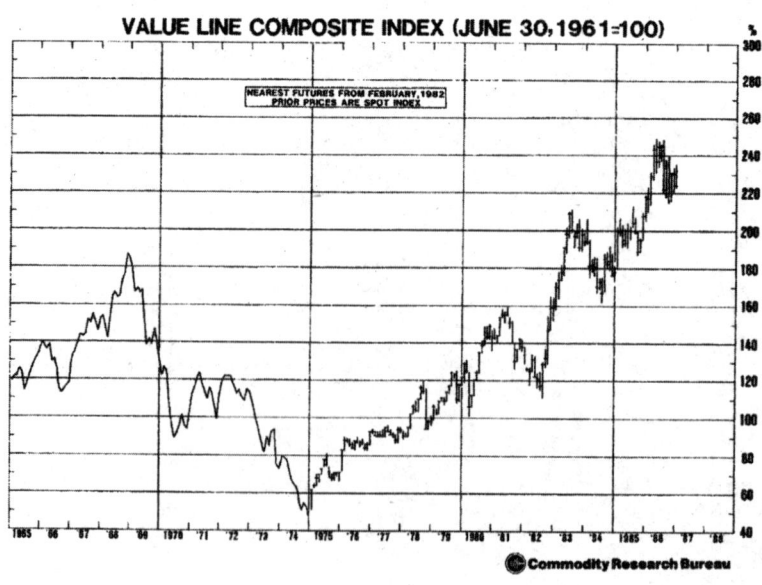